네 마음을 지켜라

아더 핑크

네 마음을 지켜라
Guarding Your Heart

발행일	2016년 6월 15일 2판 3쇄
	2015년 3월 15일 초판 1쇄
	2015년 2월 15일 전자책

지은이	아더 핑크 (Arthur W. Pink)
옮긴이	정시용

발행인	정시용
발행처	프리스브러리
전자 우편	info@prisbrary.com
홈페이지	www.prisbrary.com

Copyright (C) 프리스브러리, 2016, Printed in Korea.
ISBN 978-89-6774-016-0 (03230)

이 도서의 국립중앙도서관 출판예정도서목록(CIP)은 서지정보유통지원시스템 홈페이지(http://seoji.nl.go.kr)와 국가자료공동목록시스템(http://www.nl.go.kr/kolisnet) 에서 이용하실 수 있습니다. (CIP제어번호 : CIP2015035175)

이 책의 성경 구절은 보다 정확한 내용 전달을 위해 원문에 사용된 성경 구절을 직접 번역하여 실었습니다.

차례

들어가는 글 ··· 5

제1장_네 마음을 지켜라 ·························· 9
    1_선한 양심을 지녀라
    2_주님을 항상 앞에 모셔라
    3_마음을 부지런히 살펴라
    4_마음을 거룩하게 가꿔라

제2장_온 힘을 다하라 ···························· 24
    1_마음이란 무엇인가?
    2_하나님을 대적하는 모든 것을 멀리하라
    3_말씀을 따라 살아라
    4_죄에 예민하게 반응하라
    5_마음을 부지런히 청소하라

제3장_주님은 마음을 보신다 ··················· 42
    1_거짓 신앙과 진정한 회심
    2_네 마음을 내게 주어라
    3_온 힘을 다하기
    4_주변 환경과 조건
    5_본성과 마음의 차이
    6_우리의 책임

제4장_위태로운 시기에 마음 지키기 ········· 52
    1_물질적으로 번영할 때
    2_고난에 처했을 때
    3_사회가 혼란할 때
    4_교회에 어려움이 생겼을 때
    5_사람들에게 상처받았을 때
    6_시험에 들었을 때
    7_죽음을 맞이할 때

제5장_ 몇 가지 주의할 점 ················· 79

    1_본성과 마음
    2_머리로 믿는 신앙
    3_손으로 믿는 신앙
    4_마음을 지키는 것이 중요한 이유
    5_마음을 지키는 것의 결과

제6장_ 마음을 지키면 얻는 유익 ················· 96

    1_하나님의 일을 더 깊이 이해함
    2_진짜 신자를 분별함
    3_영적인 일이 즐거워짐
    4_유혹에 쉽게 넘어가지 않음
    5_은혜가 더욱 풍성해짐
    6_성도의 교제가 유익해짐
    7_하나님의 섭리에 순종함
    8_걸림돌이 되지 않음

맺는 글 ················· 111

들어가는 글

당신은 몸과 마음을 즐겁게 하는 일에 온 시간과 정성을 쏟으려고 이 땅에 태어났는가? 헛되고 불필요한 인간관계 때문에 먹고 마시고 자고 떠드는 데는 시간을 아끼지 않으면서, 정작 인생의 목적인 하나님을 섬기는 일에는 인색하지 않은가? 하지만 기억하라! 당신은 〈한번 죽는 것은 사람에게 정하신 것이나 그 후에는 심판이 있으리라〉(히 9:27)는 율법 아래 이 땅에 태어났다. 지금 삶은 바로 그 심판을 준비하는 시간이다. 이런 사실을 무시한 채 지금처럼 마지막 때를 준비하지 않고 살아간다면, 어느새 영원한 삶과 죽음을 결정짓는 심판의 날이 코앞으로 닥치고 말 것이다.

(존 오웬)

주위를 둘러보면 열심히 달리는 사람은 많지만 정작 목표를 향해 뛰는 이는 거의 없습니다. 구원을 말하는 사람은 많지만 구원의 기쁨을 누리는 자는 극히 드뭅니다. 경건의 모양은 넘치지만 경건의 능력은 희박합니다. 〈경건의 능력〉이란 우리를 세상과 구별되고, 이기적인 삶에서 벗어나게 하며, 사탄의 공격을 막아주고, 죄를 싫어하게 하고, 그리스도를 사랑하게 하며, 악한 오류에서 벗어나게 하고, 진리를 소중히 여기도록 하는 것입니다. 이 하나님의 능력을 체험한 사람이 요즘은 너무 드뭅니다. 날마다 자신을 부인하고 자기 십자가를 지고 그리스도를 쫓는 자는 어디 있는 걸까요? (마 16:24) 그리스도를 위해 수치와 모욕과 핍박을 두려워하지 않는 자는 어디 숨어있나요? 매일 하나님께서 기도에 응답해주시고 기꺼이 힘과 능력을 보여주시는 자는 도대체 어디 있단 말입니까? 무언가 크게 잘못된 것 같습니다. 의사가 환자의 맥박만 짚어보아도 몸 속 장기의 이상유

무를 파악할 수 있는 것처럼, 요즘 믿는 자들의 삶만 살펴보아도 그 마음 속이 심각하게 병든 것을 확신할 수 있습니다.

> 이는 마음을 온전히 주께 향하는 자를 위해 친히 능력을 보이시려고, 여호와의 눈이 온 땅을 두루 살피시기 때문이나니. (대하 16:9)

이 구절에서 여호와의 눈이 마음을 온전히 주께 향하는 자를 찾으려고 〈온 땅을 두루 살피신다〉는 표현은 그만큼 〈온전한 마음〉을 지닌 자를 찾기가 힘들다는 뜻입니다. 예전에도 그랬고 지금도 상황은 변한 없습니다. 그래서 다윗은 이처럼 슬퍼했습니다.

> 도와주소서, 오 주님, 경건한 자가 끊어졌고 신실한 자들이 사람의 자손 중에서 사라졌습니다. (시 12:1)

예수님조차 이사야를 통해 이렇게 탄식하실 수밖에 없었습니다.

> 내가 헛되이 수고하였으며 내 힘을 무익하게 써버렸도다. (사 49:4)

사도 바울도 이렇게 말했습니다.

이는 한마음으로 너희를 생각하는 이가 내게는 없기 때문이다. 모두가 자기 일만 신경 쓰고 예수 그리스도의 일은 구하지 않는 도다. (빌 2:20~21)

아시아에 있는 모든 이들이 내게서 돌아섰으니. (딤후 1:15)

오늘날도 사정은 크게 다르지 않습니다. 그렇다고 〈기독교 이단〉이나 〈거짓 신자〉에 대해서만 몰두하지 말고, 한번 여러분 마음 상태를 살펴보십시오. 당신의 마음은 온전합니까? 그러면 요즘처럼 〈힘든 시기〉라도 하나님께서는 당신에게 거짓 신자에겐 베풀지 않는 놀라운 능력을 보여주실 것입니다. 그런데 그렇지 않다면, 아마도 당신의 마음은 〈온전히〉 하나님을 향하고 있지 않을 것이며 이제부터라도 영적인 일에 좀 더 시간을 투자해야만 할 것입니다.

네 마음을 지켜라

온 힘을 다해 네 마음을 지켜라. 이는 그로부터 삶의 모든 것이 나오기 때문이니라. (잠 4:23)

우리가 신앙생활을 하며 애쓰는 노력이 대부분 헛수고일 때가 많습니다. 옛 바리새인들처럼 향신료, 박하, 뿌리채소의 십일조까지 지키지만 그보다 더 중요한 일은 간과합니다. (마 23:23) 열정은 대단하나 바른 지식을 따른 열정이 아닙니다. 적극적이

긴 하나 잘못된 곳을 향하고 있습니다. 〈많은 놀라운 일〉을 했지만 결국 하나님께는 거절당하고 말 것입니다. (마 7:22) 왜 그럴까요? 우리가 하는 많은 사역이 대부분 자기 마음대로 하거나 인간 중심적으로 한 일뿐이며, 오히려 하나님께서 맡기신 가장 귀한 사역인 〈마음을 지키는 일〉은 전혀 신경 쓰지 않았기 때문입니다. 마음이 하나님께 향해있지 않다면 겉으로 드러나는 행위는 아무 가치도 없습니다. 마음에 악한 생각을 품은 채 기도한다면 주님은 듣는 척도 하지 않을 것입니다! (시 66:18)

자, 이제 이처럼 중요한 〈네 마음을 지켜라〉는 명령이 구체적으로 어떤 것인지 살펴보도록 하겠습니다.

1_선한 양심을 지녀라

첫째, 〈마음을 지킨다〉는 것은 무엇에든 거리낌이 없는 선한 양심을 지닌다는 뜻입니다. 성경의 많은 부분에서 마음은 양심과 같은 의미로 사용되었습니다. (삼상 25:5, 삼하 24:10, 요일 3:21 참고) 사도 바울이 우리에게 어떤 식으로 선한 양심을 지키는지 모범을 보여주었습니다.

> 나 자신도 언제나 하나님과 사람들에게 거리낌이 없는 양심을 지니려고 힘쓰노라. (행 24:16)

우리는 하나님의 계명을 지키는 일과 사람들을 대하는 일에 아무 양심의 거리낌이 없도록 해야 합니다. 물론 아무 거리낌도 없이 완전한 양심을 지니는 것은 죽는 날까지 불가능한 일이지만 거듭난 영혼이라면 늘 그런 수준의 양심을 유지하려고 애써야 합니다. 〈어떤 일에든 정직하려는 선한 양심〉은 루비보다 훨씬 가치 있고 보배롭습니다. (히 13:18) 비록 양심에 한 점 부끄럼도 없이 살 수는 없지만 그렇게 선한 양심을 지니려는 노력이 결코 헛된 일은 아닙니다.

바울도 〈나 자신도 힘쓴다〉라고 고백했습니다. 그는 선한 양심을 지니려고 늘 고민했습니다. 양심이 스스로를 속이거나 잘못된 길로 이끌지 않도록 조심했습니다. 겉모습뿐 아니라 내면까지 양심에 거리낌이 없도록 조심했습니다. 가장 소중한 사람의 기분을 맞출 때보다 더욱 세심하게 자기 양심을 살폈습니다. 이러한 노력 덕분에 바울은 타락한 본성에 끌려다니거나 나태해지지 않고 많은 일을 감당할 수 있었습니다.

또, 바울은 하나님을 사랑하고 이웃을 사랑하라는 율법도 어기지 않으려 애썼습니다. 어쩌다 양심에 거리낌이 생기는 일을 범하면 지체 없이 죄를 고백하고 회개와 믿음으로 양심을 새롭게 했습니다.

> 그 계명의 목적은 순수한 마음과 선한 양심과 거짓 없는 믿음에서 나오는 사랑이니라. (딤전 1:5)

여기서 〈계명〉이란 복음을 의미합니다. 이 복음에는 하나님과 이웃을 온전히 사랑하라는 도덕법이 포함되어 있습니다. 베드로후서 2장 21절의 〈거룩한 명령〉도 이와 같은 의미로 사용된 것입니다. 그리고 이 계명이 주어진 목적은 결국 사랑을 성취하기 위해서라고 합니다. 하지만 영적인 사랑은 오직 〈순수한 마음〉과 〈선한 양심〉을 가진 자만이 할 수 있습니다.

〈순수한 마음〉이란 하나님에 대한 적대심(롬 8:7), 사람에 대한 증오(딛 3:3), 죄를 사랑함, 죄의 오염과 같은 것이 주의 은혜로 전부 제거된 새로운 마음을 뜻합니다.

또, 〈선한 양심〉이란 딱딱하게 굳은 양심이 주의 은혜로 말랑말랑해져서 예민하게 반응할 수 있게 된 것입니다. 이 양심은 그리스도의 피로 깨끗이 씻겨진 양심이며 그것을 더럽히거나 하나님과 멀어지게 하는 일을 거부합니다. 선한 양심을 지닌 자는 무슨 일이든 양심에 거리낌이 없도록 하지만 선한 양심을 버린 자는 결국에 가선 〈믿음의 파산〉을 면치 못합니다. (딤전 1:19)

2_주님을 항상 앞에 모셔라

둘째, 〈마음을 지킨다〉는 것은 주님을 항상 우리 앞에 모신다는 뜻입니다.

> **내가 여호와를 항상 내 앞에 모셨으니 주께서 내 오른편에 계신 덕분에 내가 흔들리지 아니하리라.** (시 16:8)

어떤 분들은 이 구절이 예수님에 관한 예언의 말씀이며 우리와는 상관없다고 따질지도 모릅니다. 틀린 말은 아니지만 주님께

서 우리가 따라야 할 모범을 보여주신 것으로 생각하기 바랍니다. (벧전 2:21)

그렇다면 주님을 항상 우리 앞에 모신다는 건 도대체 무슨 뜻일까요? 그것은 언제 어느 상황에서든 주께서 우리를 두 눈으로 지켜보고 계신다는 것을 기억하고 항상 바르게 행동하라는 뜻입니다. 또, 주님께서 맡기신 청지기의 직분을 감당하는 데 항상 최선을 다해야 한다는 뜻이기도 합니다. 또, 자기만족을 위해 사는 것이 아니라 주님의 뜻에 따라 그분의 명예와 영광을 위해 산다는 의미입니다. 마지막으로 주님을 내 앞에 모신다는 것은 예배를 드리거나 기도할 때 주님께서 내 앞에서 지켜보고 계신다는 것을 늘 인식해야 한다는 것입니다. 모든 것을 아시는 주님은 형식뿐인 예배나 말뿐인 기도에 속지 않습니다. 하나님을 예배하는 자는 반드시 〈영과 진리〉로 예배해야 합니다. (요 4:24) 하나님께서 〈너희는 내 얼굴을 구하라〉고 하실 때, 여러분도 다윗처럼 〈내 마음이 주께 대답하기를 「주여, 제가 주님의 얼굴을 구하나이다!」〉라고 외치십시오. (시 27:8)

첫 펌프질에 물이 쏟아질 만큼 가득 찬 우물은 거의 없듯이, 특별한 도움 없이 하나님께 모든 것을 쏟아낼 만큼 영적으로 충만한 마음도 거의 없다. 은혜의 샘은 매우 깊숙한 곳에 숨어있어 펌프질 몇 번에 마음을 기도의 영으로 채우지 못할 것이다. 마음에서 사랑이 샘솟기 위해선 먼저 치열한 다툼이 마중물처럼 그 영혼으로 흘러 들어가야 한다. (윌리엄 거널)

윌리엄 거널의 말처럼 다윗도 그의 마음과 치열한 다툼을 벌였습니다. 시편 103편 1절에서 그는 〈여호와께 송축하여라, 오 내 영혼아. 내 속에 있는 모든 것들아, 그 거룩한 이름을 송축하여라〉고 소리친 다음 2절에서도 〈여호와를 송축하라, 오 내 영혼아!〉라고 반복해서 부르짖었습니다. 다윗은 그저 입술로만 〈여호와를 송축하라〉고 한 것이 아닙니다. 그는 겉 사람은 깨어 있지만 속 사람은 잠들어 있는 상태에 빠지는 것을 몹시 두려워했습니다. 여러분도 그런 상태에 빠지지 않으려고 노력합니까? 다윗은 자신의 마음이 나태해지고 무감각해지지 않으려고 애썼습니다. 그래서 그는 〈자기 안의 모든 것〉, 곧 이해력, 양심, 감정, 의지를 모두 사용해 거룩하신 주의 이름을 송축하려 했습니다.

여러분은 혹시 그리스도께서 한탄하셨던 다음과 같은 죄를 범하고 있지는 않으십니까?

> 이 백성이 자기 입으로 내게 가까이 나아와 그들 입술로는 나를 공경하나, 그 마음은 내게서 멀리 떨어져 있다. (마 15:8)

이런 죄를 범하지 않으려고 다윗은 자기 마음을 향해 〈여호와를 송축하라, 오 내 영혼아〉라고 반복해서 외친 것입니다. 여러분도 이처럼 지극히 높으신 하나님 앞에 나아갈 때 온 힘을 다해 영적인 나태함과 형식주의와 위선을 떨쳐버리려고 자기 마음을 반복해서 살피고 또 살피시기 바랍니다.

3_마음을 부지런히 살펴라

하나님의 종 이사야는 이렇게 탄식했습니다.

> 주님의 이름을 부르는 자가 없으며 주님을 붙들려고 애쓰는 자도

없나이다.(사 64:7)

여러분은 이보다 낫다고 할 수 있습니까? 하나님을 붙들려고 힘쓰십니까? 그렇지 않다면 절대로 하나님과 씨름했던 야곱처럼 주님께 인정받지는 못할 것입니다. 은혜의 보좌 앞에 올려드린 우리의 기도가 응답이 없는 것도 어찌 보면 당연한 일입니다. 하나님께서는 〈의인의 열정적이고 효력 있는 기도〉를 들어주시니까요.(약 5:16) 가장 높으신 분께 나아가려는 자는 먼저 마음을 바르게 정하고(욥 11:13) 주님께서 강하고 담대한 마음을 주시길 기도해야 합니다. 그래야 비로소 겸손하게 하나님께 나아가 전심으로 그분을 신뢰하고(잠 3:5), 사랑하고(마 22:37), 찬양할 수 있습니다.(시 9:1)

그런데 요즘은 기도할 때 아무런 준비도 없이 거룩하신 하나님께 무작정 나아가 그저 마음에 떠오르는 대로 내뱉는 불경건한 사람이 너무 많아서 심히 두려울 정도입니다. 악한 영이 퍼뜨리는 이런 태도가 생각보다 우리에게 큰 해악을 끼치는데, 왜냐면 〈악한 친구들이 선한 행실을 부패시키기〉 때문입니다.(고전 15:33) 그렇기에 우리는 하나님을 모욕하는 이런 불경건한 태도에 물들지 않도록 은혜를 구해야 합니다. 우리가 기도 드리는 대상이 얼마나 위대한 분인지 항상 되새기며 그분의 존귀하고 완전하신 기준에 맞춰 우리 생각을 끊임없이 뜯어고쳐야 합니다. 예배 드릴 때도 두 마음을 품거나 악한 생각을 하거나 다른 것에 정신이 팔리지 않도록 주의해야 합니다. 우리를 향하신 하나님의 은혜와 선하심을 생각하며 주님의 약속을 굳게 붙드십시오. 그리하여 우리 영혼의 주인 되시는 분의 성품에 걸맞게 사랑과 온유가 넘치는 사람으로 변화되시기 바랍니다.

기도와 예배를 드릴 때만 우리 마음을 살펴야 하는 것은 아닙니다. 그분의 거룩한 말씀을 펼칠 때도 동일하게 마음을 살펴야 합니다. 어떠한 규범이나 은혜의 수단도 우리가 그것을 통해 하나님을 만날 수 없다면 그저 가식적인 빈 껍데기에 불과합니다. 그렇기에 우리는 하나님을 찾으려고 노력해야 합니다.

> 너희가 전심으로 나를 찾아 헤맬 때 너희가 나를 찾고 발견할 것이다. (렘 29:13)

성경을 볼 때 사람들이 쓴 다른 책을 읽을 때와 같은 마음가짐으로 접근한다면 인간의 저술이 주는 것 이상의 영적인 유익을 기대할 수 없습니다. 하나님의 말씀은 우리 양심을 향해 호소합니다. 그렇기에 우리가 마음을 열고 그로부터 영향 받도록 간절히 원해야 온전한 영적인 도움을 받을 수 있습니다.

하나님께서는 우리에게 이렇게 명하셨습니다.

> 내 아들아, 네 아비의 계명을 지키며 네 어미의 법을 버리지 마라. 그것을 언제나 네 마음에 새기고 네 목에 매어두어라. (잠 6:20~21)

> 내 계명을 지켜라, 그리하면 살리라. 내 법을 네 눈동자처럼 지켜라. 그것을 네 손가락에 매고 네 마음 판에 새겨라. (잠 7:2~3)

성경을 몇 분 정도 읽고 얼마 지나지 않아 무엇을 읽었는지도 잊어버릴 만큼 하나님의 말씀을 가볍게 여겼던 삶을 반성하십시오. 시편 기자의 고백처럼 우리는 말씀을 소중히 여기며 밤낮으로 묵상해야 합니다.

주께 죄짓지 않으려고 주의 말씀을 내 마음에 간직했나이다. 주께 송축하오니, 여호와시여, 제게 주님의 규례를 가르치소서. (시 119:12)

4_마음을 거룩하게 가꿔라

마음을 지킨다는 것은 우리 안에 있는 거룩함이 더욱 자라나는지 아니면 쇠퇴하는지 유심히 살피는 것입니다. 거룩함은 영혼의 건강상태를 나타내는 척도라 할 수 있습니다.

내가 마음과 이야기 나누며 내 영이 부지런히 살피나이다. (시 77:6)

영혼의 건강을 챙기려면 위의 말씀처럼 매일 일정 시간을 자기 마음을 살피고 가꾸는 데 사용해야 합니다. 마음을 가꾸는 시간이 늘어날수록 무엇을 위해 기도할지 고민하는 시간은 줄어들게 됩니다. 혹시 육신의 건강은 엄청 챙기면서 영혼의 안부는 전혀 신경 쓰지 않은 채 살지는 않습니까?

〈교만한 마음을 스스로 낮춘〉 히스기야를 본받으십시오. (대하

32:26) 베드로는 〈거만한 마음〉에 사로잡혀 결국 실족하고 말았습니다. (잠 16:18) 어떤 실족이든 결국 마음에서 유래되기 마련입니다. 여러분 감정이 하나님과 세상 중 어디에 더 사로잡혀 있는지 살피십시오. 하나님의 말씀을 읽을 때 기쁨과 유익을 얻는지 아니면 의무감에 억지로 읽고 있는지 살피십시오. 기도할 때도 마찬가집니다. 하나님께 마음속에 있는 것들을 쏟아낼 때 여러분은 자유를 만끽합니까? 아니면 따분하고 지루하게 느껴지십니까? 또, 여러분이 받은 하나님의 은혜를 묵상하며 주님께서 주신 약속을 먹고 믿음이 더욱 살찌고 있습니까? 영광스런 미래에 대한 소망이 살아 숨 쉽니까? 여러분의 사랑은 차갑거나 뜨겁습니까? 인내와 온유와 절제가 풍성해지고 있습니까? 매일 이런 점을 점검하면서 여러분의 마음을 더욱 거룩하게 가꾸십시오.

또, 마음을 지킨다는 것은 순결하고 거룩한 것으로 마음을 가득 채우는 것을 의미합니다. 더러운 물건을 만지작거리는 아이가 그것을 스스로 버리게 하려면 아이의 손에 맛있는 사과나 오렌지를 쥐어주기만 하면 됩니다. 마찬가지로 우리 영혼을 사탄의 유혹으로부터 안전하게 지키는 가장 좋은 방법은 우리 마음을 그보다 더 매력적인 것으로 채워주는 것입니다. 선한 것으로 가득 찬 마음은 악으로부터 가장 안전하게 보호받습니다. 빌립보서 4:6~8의 말씀을 기억하십시오.

> 아무것도 염려치 말고 다만 모든 일에 기도와 간구로 너희 구할 것을 감사함으로 하나님께 아뢰라. 그러면 모든 생각을 뛰어넘는 하나님의 평화가 그리스도 예수 안에서 너희 마음과 생각을 지키시리라. 마지막으로 형제들아, 무엇이든 참되고, 무엇이든 경건하고, 무엇이든 의롭고, 무엇이든 거룩하고, 무엇이든 사랑스럽고, 무엇이든 좋은 평판을 얻어라. 이러한 것이 곧 덕이요 칭찬이니라. (빌 4:6-8)

하나님께 모든 염려를 맡기면 그분의 은혜가 모든 근심으로부터 여러분을 지켜줄 것입니다. 건강을 유지하려면 깨끗한 공기를 자주 마셔야 하듯이, 영혼을 건강하게 유지하려면 모든 염려는 하나님께 맡기고 감사와 찬양이 넘치는 생각만 하는 것이 좋습니다.

그리스도와 자주 교제하며 주님의 사랑 안에 거하고 주님의 빛 가운데 머물면서 여러분 영혼을 주께서 주시고자 예비하신 은혜로 재충전하십시오. 그리하면 여러분 마음속에도 영생에 이르는 샘물이 솟아날 것입니다. (요 4:14)

하나님의 고귀하심과 그리스도의 영광이 우리 마음을 가득 채운다면, 회칠한 쾌락이나 꿀 섞은 독과 같은 죄 따위가 어찌 우리 영혼에 해를 줄 수 있겠는가? 반면에 그 밖의 어떤 것이 우리를 죄로부터 멀어지게 할 수 있겠는가? (존 오웬)

온 힘을 다하라

열심히 일하지도 않으면서 부자가 되길 원하는 가난한 사람이나 잘 먹지도 않고 열심히 운동도 안 하면서 건강해지길 원하는 허약한 사람처럼, 요즘 그리스도인도 아무 노력도 하지 않고 주 안에서 믿음이 풍성하고 강건해지길 원합니다. 물론 우리가 아무리 노력해도 주님께서 축복해주시지 않는다면 아무 열매도 맺을 수 없으며(시 127:1), 주님께 붙어있지 않으면 우리는 아무것도 할 수 없는 것은 사실입니다. (요 15:5) 그렇더라도 하나님께서는 게으른 자에게 어떠한 보상도 약속하지 않으셨으며 오히려 〈부지런한 자의 영혼은 풍족해질 것이다〉라고 말씀하셨습니다. 밭에 씨를 뿌린 농부는 하나님의 주권적인 뜻에 따라 곡식이 열매 맺는다는 사실을 잘 압니다. 그렇다고 해도 농부가 땀 흘리지 않고 자신이 해야 할 일을 하지 않는다면 그의 곳간은 머지않아 텅 비고 말 것입니다. 영적인 일도 이와 마찬가지입니다.

하나님께서는 우리에게 게으름뱅이처럼 매사에 수동적인 모습을 보이지 말고 오히려 온 힘을 다하라고 말씀하십니다. 하지만 안타깝게도 너무 많은 이들이 무의미한 일에 온 힘을 쏟아붓느라 정작 하나님께서 명하신 가장 중요한 일에는 전혀 신경 쓰지 않고 있습니다.

온 힘을 다해 네 마음을 지켜라. (잠 4:23)

바로 이것이 모든 하나님의 자녀에게 맡겨진 위대한 임무입니다. 하지만 자기 마음에 관한 일을 무시하는 사람이 얼마나 많은지 모릅니다! 사람들은 대부분 주변의 평판과 육신의 만족과 세상의 지위 따위를 지키는데 온 신경을 쏟아붓고, 정작 자기 마음은 멋대로 흘러다니도록 내버려둡니다.

우리 몸은 심장(heart)을 통해 피를 순환시키며 영양분을 공급하고 노폐물을 걸러내어 생명을 유지합니다. 영적인 일도 이와 같습니다. 만일 마음(heart)이 불경건, 교만, 탐욕, 증오, 더러운 욕망 등으로 가득하면 우리 삶 역시 악으로 물들고 말 것입니다. 이런 악이 마음에 들어와 퍼지면 성품이나 행실은 그것의 영향을 받게 됩니다. 그래서 마음의 요새가 포위당하지 않도록 보호하고 마음의 샘이 독으로 오염되지 않도록 잘 감시할 필요가 있는 것입니다.

사람의 됨됨이는 그 마음이 어떤지에 따라 달려 있습니다. 마음이 하나님을 향해 죽어 있는 사람은 그 속에 생명이 전혀 없습니다. 마음이 하나님을 향해 바른 사람은 모든 것이 올바릅니다. 태엽이 시계의 모든 움직임을 조정하듯 마음이 사람의 모든 행동을 좌우합니다. (잠 23:7) 마음이 바르면 행동도 바릅니다. 사람의 마음 상태에 따라서 현재와 미래는 달라집니다. 여러분 마음이 거듭나고 거룩하게 구별되었다면 현재 삶에서 믿음의 거룩한 삶을 살 뿐만 아니라 앞으로 올 세상에서도 영생을 누리게 될 것입니다.

> 집의 우물을 청소하기보다 마음을 청소하는 것이 나으며,
> 가축을 먹이는 것보다 마음을 먹이는 것이 나으며,
> 집을 보호하는 것보다 마음을 보호하는 것이 나으며,
> 돈을 지키는 것보다 마음을 지키는 것이 낫다. (피터 모펫)

1_마음이란 무엇인가?

> 온 힘을 다해 네 마음을 지켜라. 이는 그로부터 삶의 모든 것이 나오기 때문이니라. (잠 4:23)

여기서 〈마음〉이란 〈마음의 숨은 자〉(벧전 3:4)라고도 불리는 내면의 실체를 뜻하며 이것이 우리의 성격과 행동을 통제합니다. 마음과 영혼을 지키고 보호하는 것은 하나님께서 맡기신 위대한 임무입니다. 마음을 지키는 능력은 하나님께서 주시지만 그

렇게 해야 할 책임은 우리에게 있습니다. 우리는 상상력을 헛된 망상에서 지키고, 이성을 오류에서 지키고, 의지를 고집에서 지키고, 양심을 죄책감에서 지키고, 감정을 무절제와 악에서 지키고, 정신을 무익한 것에 몰두하지 않도록 지키고, 우리 모든 것을 사탄으로부터 지켜야 할 의무가 있습니다. 바로 이런 일을 맡기려고 하나님께서 우리를 부르신 것입니다.

청교도 중 한 명인 존 플라벨은 이렇게 말했습니다.

> **모든 상황에서 마음을 바르게 관리하고 지키는 것은 성도의 가장 위대한 일이다.** (존 플라벨)

마음을 바르게 지킨다는 것은 기울었던 마음을 똑바로 세운다는 뜻입니다. 다시 말해, 새로운 모습으로 변화되어 영적으로 추구하는 것이 이전과는 확연히 달라졌다는 말입니다. 진정한 회심은 사탄에게 조종당했던 마음이 하나님께로 돌아서고, 죄에서 거룩함으로 돌아서고, 세상에서 그리스도께 돌아서는 것입니다. 결국 마음을 바르게 지킨다는 것은 거듭난 자들이 은혜로 말미암아 변화된 자기 영혼을 거룩한 상태 그대로 보존하기 위해 노력한다는 것입니다.

> 모든 것이 여기에 달려있다. 마음을 지키면 이생의 모든 삶이 하나님의 뜻대로 따라갈 것이며 내세에는 그분의 즐거움에 참여하게 될 것이다. 마음을 지키지 못하면 이생에서의 권위도 내세에서의 영광도 잃을 것이다. (존 오웬, 『이단의 원인』 중에서)

2_하나님을 대적하는 모든 것을 멀리하라

마음을 지킨다는 것은 하나님을 대적하는 모든 것을 멀리하려고 노력하는 것입니다.

> 사랑하는 자녀들아, 너희를 우상으로부터 멀리하라. (요일 5:21)

하나님은 질투하시는 하나님이시며 어떤 경쟁자도 허락하지 않으십니다. 그분은 우리 마음의 보좌를 독차지하길 원하시며 우리가 전적으로 하나님만 사랑하길 원하십니다. 그래서 우리 마음이 과도하게 세상에 끌려다닌다고 생각될 때 그것에 맞서 〈마귀를 대적해야 합니다.〉 (야 4:7) 바울은 이렇게 고백합니다.

> 모든 것이 내게 허용되지만 모두가 유익한 것은 아니다. 모든 것이 내게 허용되어도 나는 어떤 것에도 사로잡히지 않겠다. (고전 6:12)

바울은 최선을 다해 마음을 지키며 주님 외에 어떤 것도 자기 영혼을 차지하지 못하게 했습니다. 아주 작은 물체라도 눈앞을 가리면 태양 빛을 막는 것처럼, 아주 사소한 것이라도 우리 감정을 사로잡는다면 거룩하신 하나님과의 교제를 끊어지게 합니다.

거듭나기 전, 우리 마음은 무엇보다도 거짓되고 악했습니다. (렘 17:9) 이는 악한 본성을 지닌 〈육신〉이 그 마음을 온전히 지배하고 있었기 때문입니다. 이 육신의 본성이 회심한 자에게도 남아 있어 끊임없이 영적인 것을 집어삼키려 합니다. 그러므로 그리스도인은 마음을 꾸준히 살펴 쾌락과 유혹에 사로잡히지 않도록 주의해야 합니다. 마음으로 통하는 모든 길을 철저히 감시해

해를 주는 어떤 것도 들어오지 못하게 해야 합니다. 특히 헛된 생각과 망상을 주의해 그것에 끌려다니지 않아야 합니다. 해로운 생각이 머릿속으로 들어오게 내버려두고 그것이 주는 즐거움에 익숙해지면 영적인 것을 생각하기 힘들어집니다. (롬 8:6) 그런 생각은 그저 육신의 정욕을 채워주는 일만 할뿐입니다.

그러므로 온 힘을 다해 마음을 지키는 것은 자기 감정이 어디로 향하는지 살피는 것입니다. 마음이 세속적인 것에 더 강하게 끌리는지 아니면 그것에 점점 매력을 못 느끼게 되는지 살펴보십시오. 하나님께서는 이렇게 명령하셨습니다.

> 너희 마음을 위에 있는 것에 두고 땅에 있는 것에 두지 마라. (골 3:2)

마음이 부패한 세상의 것에 흥미를 잃고 하늘의 것에 큰 기쁨을 누리고 있는지 살피십시오.

> 네 눈으로 본 것을 잊지 않고 그것이 마음에서 떠나가지 않도록 너희는 주의를 기울여 네 영혼을 부지런히 지켜라. (신 4:9)

3_말씀을 따라 살아라

마음을 지킨다는 것은 말씀을 온전히 따라 살아가는 것입니다. 말씀의 순결하고 거룩한 가르침이 마음에 새겨지도록 노력해야 합니다. 오늘날에는 하나님의 거룩한 말씀을 마음에 새기지 않고 가볍게 취급하는 사람이 너무 많습니다. 어째서 설교와 말씀 묵상을 통해 받은 감동이 그토록 쉽게 사라져버리는 걸까요? 왜 가슴을 벅차게 했던 거룩한 포부는 오래가지 못하는 걸까요? 말씀이 우리 삶에 열매 맺지 못한 이유는 도대체 무엇일까요? 혹시 여러분에게 말씀의 영향을 받고 싶은 마음이 전혀 없었던 것은 아니었을까요? 〈받고 들은〉 말씀을 굳게 붙잡지 못해서(계 3:3) 여러분 마음이 〈이생의 염려〉와 〈재리의 속임수〉에 다시 빠져들어 결국 말씀의 씨앗이 말라버리고 만 것입니다.

하나님의 종이 전하는 강력한 메시지를 듣거나 읽고 큰 은혜를 받았다 해도 여러분이 열심을 내지 않으면 〈너희 선은 아침 구름과 새벽이슬처럼 사라지는구나!〉(호 6:4)라는 말씀처럼 금세 없어지고 말 것입니다. 그렇게 되지 않으려면 어떻게 해야 할까요?

첫째, 받은 메시지가 여러분 영혼에 〈제 위치에 박힌 못〉처럼 단단히 고정되게 해달라고 기도하십시오. 그래서 마귀가 그것을 빼앗지 못하게 하십시오.

둘째, 마리아가 한 것처럼 〈그 모든 것을 마음에 두고 깊이 생각하십시오.〉 (눅 2:19) 깊이 묵상하지 않은 말씀은 금세 잊혀지고 맙니다. 음식을 먹을 때 꼭꼭 씹어야 소화가 잘 되는 것처럼 말씀도 깊이 묵상해야 마음에 잘 새겨집니다.

셋째, 여러분이 배운 말씀을 즉시 실천에 옮기십시오. 하나님께서 비춰주신 빛에 따라 살지 않는다면 그 빛을 다시 거두어 가실지도 모릅니다. (눅 8:18)

그저 행위로만 말씀대로 산다고 충분한 게 아닙니다. 마음까지도 말씀대로 살아야 합니다. 살인하지 않는다고 충분한 게 아닙니다. 마음에 품은 분노까지 없애야 합니다. 간음하지 않는다고 충분한 게 아닙니다. 마음에 품은 욕정까지 없애야 합니다. (마 5:28) 하나님께서는 우리의 행위만 보시지 않고 〈심령의 무게를 달아보십니다.〉 (잠 16:2) 그렇기에 하나님 앞에선 모든 것이 벌거벗은 것처럼 드러납니다. (히 4:13) 또, 하나님께서는 우리 행위에 담긴 근본 동기를 살피시며 내면의 진실함을 기뻐하십니다. (시 51:6) 그래서 주님께서는 이렇게 명령하셨습니다.

> 온 힘을 다해 네 마음을 지켜라. 이는 그로부터 삶의 모든 것이 나오기 때문이니라. (잠 4:23)

4_죄에 예민하게 반응하라

마음을 지킨다는 것은 우리가 죄를 지으려 할 때 마음이 예민하게 반응하는 것입니다. 거듭나지 않은 죄인은 사회적인 범죄만 죄라고 인식합니다. 그래서 국가가 제정한 법을 잘 지키고 이웃에게 훌륭한 사람이라 인정받기만 하더라도 도덕적으로 충분히 만족하며 살아갈 수 있습니다. 하지만 거듭난 의인은 전혀 그렇지 않습니다. 거듭난 사람은 자신이 하나님의 완전한 기준에 맞춰 살아야 한다는 것을 마음 깊이 깨닫습니다. 그래서 회심하지 않은 죄인이 신경조차 쓰지 않는 오만 가지 죄악을 민감하게 느끼고 심한 죄책감에 시달립니다. 성령님께서 처음 죄에 대한 확신을 심어 주셨을 때, 그는 지금까지 하나님께

반역하며 자기 쾌락만을 위해 살아왔던 자신의 모습을 보게 됩니다. 이 사실이 양심을 깊숙이 찔러 세상 그 어떤 고통과도 비교할 수 없는 극심한 괴로움에 몸부림칩니다. 그리고 자신이 영적인 문둥병자처럼 몹시 혐오스럽게 느껴져 결국 엉엉 울며 하나님께 이렇게 외칩니다.

> **주님 얼굴을 내 죄에서 숨기시고 내 모든 악을 지워 주소서. 하나님, 내 안에 깨끗한 마음을 지으시고 내 안에 견고한 영을 새롭게 하소서.** (시 51:9-10)

하나님께서 주신 이 〈죄에 예민한 마음〉을 잃지 않는 게 모든 믿는 자들이 힘써야 할 의무입니다. 마음이 〈자기 뜻대로 사는 것〉과 〈자기를 사랑하는 것〉에 오염되지 않도록 항상 주의해야 합니다. 죄를 〈어쩔 수 없는 일〉이나 〈별 일 아닌 것〉처럼 여기게 하는 사탄의 속임수에 저항해야 합니다. 하나님께서 언제나 지켜보고 계신 것을 기억하며 유혹이 찾아올 때 요셉처럼 당당하게 거절해야 합니다.

제가 어찌 이 큰 악을 행하며, 하나님께 죄를 범할 수 있겠습니까? (창 39:9)

이처럼 거듭난 자도 십자가의 빛을 통해 죄를 살피고 우리를 위해 죽기까지 사랑을 베푸신 주님을 욕되게 하지 않도록 악을 멀리하고 거룩함을 지켜야 합니다.

형제자매 여러분, 〈온 힘을 다해 마음을 지키는 것〉은 어린애 장난처럼 쉬운 일이 아닙니다. 요즘 흔히 볼 수 있는 사람들 입맛에 맞춘 믿기 쉬운 종교는 그것에 헌신하는(혹은 그것에 속아 넘어간) 이들을 절대 천국으로 인도하지 않을 것입니다. 성경은 우리에게 이렇게 묻습니다.

여호와의 산에 오를 자가 누구며 그 거룩한 곳에 설 자가 누구냐? (시 24:3)

그 답변은 하나님께서 친히 주셨습니다.

> 곧 손이 깨끗하고 〈마음이 깨끗한〉 자니라. (시 24:4)

신약의 가르침도 이처럼 분명합니다.

> 〈마음이 깨끗한〉 자는 복이 있나니 저희가 하나님을 볼 것이다.
> (마 5:8)

〈깨끗한 마음〉이란 죄를 미워하고, 죄를 깊이 인식하고, 죄 때문에 슬퍼하고, 죄를 대적하려 애쓰는 마음입니다. 깨끗한 마음을 소유한 자는 성령님의 전이며 그리스도께서 함께 거하시는 장소인 마음을 더럽히지 않으려고 최선을 다합니다. (엡 3:17)

5_마음을 부지런히 청소하라

마음을 지킨다는 것은 마음을 부지런히 청소한다는 뜻입니다. 여러분은 혹시 자기 마음이 너무 혐오스러워 우울해질 때가 있습니까? 그렇다면 오히려 하나님께 감사 드려야 합니다. 그런 감정은 하나님께서 입으로만 고백하는 거짓 신자와는 다르게 여러분을 특별히 인도하신다는 증거입니다. 하지만 계속 그런 상태에 머물러있을 필요는 없습니다. 만일 여러분의 밭이 잡초와 가시덤불로 무성하다면, 우울해하면서 그냥 보고만 있을 겁니까? 저는 죄로 물든 〈본성〉에 관해 말하고 있는 게 아닙니다. 본성은 변하지 않고 여러분 〈육신〉에 그대로 남아 있을 것입니다. 저는 지금 하나님께서 지키라고 명령하신 〈마음〉을 설명하는 중입니다. 마음 밭에 자라나는 헛된 생각과 악한 감정과 양심의 죄책이라는 잡초는 여러분이 직접 뽑아주어야 합니다. 하지만 여러분은 이렇게 우는소리를 할지도 모릅니다.

제겐 그런 것을 막을 방법이 없어요. 원치도 않는데 계속 자라나는 걸 나더러 어쩌란 말입니까?

그렇게 믿도록 마귀가 여러분을 속인 것입니다! 다시 밭의 비유로 돌아가 봅시다. 잡초도 원치 않는데 계속 자라나지 않나요? 해충도 우리 의지와 상관없이 식물을 먹어 치우지 않나요? 그런데 여러분은 어쩔 수 없다며 그냥 내버려 두실 건가요? 아마 그렇지 않을 것입니다. 여러분은 다양한 방법을 사용해 잡초와 해충을 없애려 할 것입니다. 도둑도 우리가 원치 않는데 찾아오지 않습니까? 그런데 여러분이 현관과 창문을 단속하지 않은 채 잠들었다면 결국 누구의 잘못이겠습니까? 아, 사탄의 교묘한 속임수에 넘어가지 마십시오. 하나님께서는 〈두 마음을 품은 자들아, 네 마음을 정결케 하라〉(약 4:8)고 하십니다. 이런 자들은 한편으로 하나님을 생각하면서 다른 한편으로는 자신을 위해 생각합니다. 한편으로 거룩한 것을 생각하면서 다른 한편으로는 죄의 쾌락을 생각합니다.

그러면 마음을 어떻게 〈청소〉할 수 있을까요?

1) 먼저 마음속으로 들어온 더러운 생각을 없애고, 그것을 품은 채 하나님을 대했던 것을 부끄러워하며, 그것을 거부하고 역겨운 것으로 여기십시오. 성경은 이렇게 말합니다.

> 만일 우리가 우리 죄를 자백하면, 주님은 신실하고 의로우셔서 우리 죄를 용서하고 모든 불의로부터 우리를 깨끗게 하신다. (요일 1:9)

2) 또한 매일 새롭게 다음 말씀에서 언급된 경건한 근심으로 자

신을 돌아보십시오.

> 이 같은 경건한 근심이 너희 안에 주의 깊음, 자신을 씻음, 의분, 두려움, 열렬히 사모함, 열정, 처벌 같은 것이 얼마나 생기게 했는지 보아라. 모든 면에서 너희는 이 일에 대해 깨끗하다는 것을 증명하였다. (고후 7:11)

3) 그리고 매일 믿음으로 마음을 깨끗하게 하고(행 15:9) 그리스도의 보혈로 더러운 죄를 씻으십시오. (스 13:1)

4) 또, 하나님의 계명에 순종하며 살아가십시오.

> 너희가 성령을 통해 진리에 순종함으로 너희 영혼을 깨끗하게 한 것을 보라. (벧전 1:22)

가장 중요한 것 하나를 말씀드리고 이 장을 마무리하려 합니다. 하나님의 목적을 따라 부르심을 입은 성도들은 무슨 일을 하든 성령님의 은혜와 도우심이 있어야 합니다. 그러니 주님 앞에 엎드려 이렇게 기도하십시오.

주님, 주께서 온 힘을 다해 마음을 지키라고 명하셨지만 저는 너무 부족하고 연약해 그 일을 감당하기가 벅찹니다. 그리스도의 이름으로 주께 겸손히 구하나니, 제게 주께서 명하신 그 일을 할 수 있는 능력을 허락해주소서. 제가 주님께서 기뻐하시는 일을 바라고 행할 수 있도록 도와주소서.

주님은 마음을 보신다

사람은 겉모습을 보나 여호와는 마음을 보신다. (삼상 16:7)

사람들은 지속적인 것보다 스쳐 지나갈 뿐인 것에 쉽게 몰입합니다. 이성적으로 판단하지 않고 느낌만으로 쉽게 판단을 내리기도 합니다. 내면의 진정한 아름다움은 보지 않고 겉모습에 쉽게 현혹되어 버립니다. 그러면서 하나님의 뜻은 매우 더디게 받아드립니다. 수려한 외모에 끌리지 말고 도덕적이고 영적인 것을 소중히 해야 합니다. 몸을 치장하는 데 너무 많은 관심과 시간과 돈을 쏟아붓지 말고 오히려 영혼을 가꾸는 데 최선을 다해야 합니다. 하지만 사람들은 마치 〈영혼 따위는 존재하지 않아!〉라고 외치듯 살아가며, 믿는 자들조차 자기 영혼에 대해 진지하게 생각하지 않습니다.

주님께서는 〈마음〉을 보십니다. 우리의 생각, 의도, 소망, 계획, 동기를 살피시고 그에 걸맞게 우리를 다루십니다. 또, 우리 마음속에 거룩함, 의로움, 지혜, 분별, 정의, 진실, 자비, 친절과 같은 것이 있는지 살펴보십니다. 여러분 마음 밭에 이런 것이 활짝 피어있다면 아가서의 말씀처럼 주님께서 은혜로 여러분을 돌보고 계시다는 뜻입니다.

> 내 사랑하는 이는 그의 정원으로 내려가 향기로운 화단에 이르러 정원을 돌보며 백합을 모으는구나. (아 6:2)

하나님께서는 거룩한 믿음과 변함없는 사랑과 경외하는 마음을 가장 귀하게 여기십니다. 〈온유하고 고요한 마음〉이야말로 하나님 보시기에 매우 값진 것입니다.(벧전 3:4) 하나님을 기쁘시게 하는 이런 열매가 열리도록 여러분도 온 힘을 다해 마음을 지키십시오.(잠 4:23)

1_거짓 신앙과 진정한 회심

우리 신앙이 진실한지는 마음이 무엇에 관심을 두는지 살펴보면 알 수 있습니다. 열왕기하 10장 31절에 적절한 예가 나옵니다.

> 그러나 예후는 여호와 이스라엘의 하나님이 주신 율법을 온 마음으로 지켜 행하지 않았다.(열하 10:31)

바로 앞 절에 하나님께서 예후에게 하신 말씀과 비교해보십시오.

> 여호와께서 예후에게 말씀하셨다. 〈내가 보기에 너는 옳은 일을 하여 내 마음에 있는 대로 아합의 집에 모두 행했으므로 네 자손이 사대까지 이스라엘 보좌에 앉을 것이다.〉(열하 10:30)

예후는 부분적으로 개혁하였으나 마음이 온전히 하나님께 바로 선 것은 아니었습니다. 아합이 했던 바알 숭배는 혐오했지만 여로보암의 금송아지는 그냥 넘어갔습니다. 즉, 모든 악을 제거하는 데 실패한 것입니다.

여러분, 진정한 회심은 큰 죄만 버린다고 되는 게 아니라 모든 죄를 버려야 합니다. 〈이 정도쯤은 괜찮겠지〉라고 생각할만한 것은 전혀 없습니다. 하나님께서는 어떤 우상도 허락하지 아니하시며 우리도 그래선 안 됩니다. 예후는 꽤 멀리까지 갔으나 중요한 지점에서 발길을 멈추고 말았습니다. 악을 멀리하긴 했으나 선을 행하지는 않았습니다. 여호와의 법을 마음에 두지도 않았고 그것에 따라 전심으로 걷지도 않았습니다. 하나님의 법에 무관심하다는 것은 결국 하나님의 은혜를 입지 못한 자라는 뜻입니다. 하나님의 거룩함이 마음에 심긴 자라면 당연히 모든 일을 주님이 기뻐하시는 방향으로 하려고 애쓸 것입니다. 하나님을 두려워서가 아니라 매우 사랑하기 때문이며, 억지로가 아니라 자발적이며, 어쩌다 한 번이 아니라 계속해서 그렇게 할 것입니다.

2_네 마음을 내게 주어라

내 아들아, 네 마음을 내게 주어라. (잠 23:26)

마음은 위대하신 하나님께서 우리에게 요구하신 것이며 우리를 부르신 목적이기도 하다. 마음을 온전히 드리지 않는 한, 우리가 무엇을 바치든 주님께선 받지 않으실 것이다. 우리는 주님을 더욱 사랑하고 주님과 마음을 나누어야 하며 하나님께 가장 큰 목적을 두고 마음을 온전히 주님께 집중해야 한다. 자유롭고 즐거운 마음으로 온전히 주님께만 헌신하며 마음이 하나님과 세상을 향해 둘로 나뉘면 안 된다. 주님은 전부가 아니면 받지 않으신다. 〈온 마음을 다해 여호와 너희 하나님을 사랑하라〉라는 말씀에 우리는 즉시 이렇게 대답해야 한다. 〈아버지, 제 마음을 온전히 받으소서. 원래부터 주님 것이었습니다. 제 마음을 소유하시고 그 속에 주님의 보좌를 세우소서.〉 (매튜 헨리)

3_온 힘을 다하기

온 힘을 다해 네 마음을 지켜라. (잠 4:23)

마음은 그것을 주신 주님께서 거하시는 장소이기에 우리는 온 힘을 다해 지켜야 합니다. 마음속으로 침투하려는 외부의 적뿐 아니라 우리 마음을 지배하려는 내부의 배신자도 있기 때문에 더욱 경계를 삼엄하게 해야 합니다. 히브리어로 〈온 힘을 다해〉는 문자적으로 〈그 무엇보다도〉란 의미입니다. 즉, 마음을 지키는 것이 우리 삶의 그 무엇보다도 중요하다는 뜻입니다. 다른 문제는 사람들의 시선을 신경 쓰지만 마음은 하나님의 거룩한 시선을 신경 써야 합니다. 그래서 명성, 건강, 재산, 돈 같은 것보다 여러분 마음을 지키는 데 더욱 노력해야 합니다. 모든 열심과 기도로 악한 생각이 틈타지 않도록 애쓰며 욕망과 교만과 분노를 피하고 그런 악한 감정이 생겨나려 할 때 곧바로 제거해야 합니다.

4_주변 환경과 조건

많은 이들이 자신이 처한 환경과 조건을 탓합니다. 세속적으로 더 잘 나가면 하나님을 더 잘 섬길 수 있다는 사람도 있고 가난과 고통의 시간을 견디고 나면 더 잘 섬길 수 있다는 사람도 있습니다. 한적하고 홀로 있는 시간이 많아지면 영적으로 더욱 성숙해진다는 사람도 있고 더 많은 성도와 교제를 나누면 영적으로 성숙해진다는 사람도 있습니다. 하지만 여러분, 하나님을 더 잘 섬길 수 있는 유일한 방법은 하나님께서 여러분에게 허락하신 바로 그 환경에 만족하며 그 안에서 더 나은 마음을 가지는 것입니다! 현재 환경에서 마음을 잘 다스리지 못한다면 그 어떤 환경에 처한다 할지라도 마찬가지일 것입니다. 마음으로부터 삶의 모든 것이 나오지 주변 환경에서 나오는 게 아닙니다. 마음을 바르게 하면 어떤 환경이라도 극복할 수 있습니다.

> **나무가 좋으면 그 열매도 좋을 것이다.** (마 12:33)

5_본성과 마음의 차이

하지만 제가 어떻게 마음을 바르게 할 수 있나요? 에티오피아인이 피부를 희게 할 수 있으며 표범이 무늬를 없앨 수 있습니까?

이렇게 묻는 사람은 마음과 본성을 혼동하는 것입니다. 사실 이 둘은 전혀 다릅니다. 많은 이들이 이 점을 착각하는데, 그 차이를 깨닫는 것은 매우 중요합니다. 〈그리스도인의 두 본성〉을 과도하게 강조한 나머지 그보다 더 중요한 마음에 관해서는 까맣게 잊고 삽니다. 하지만 성경은 마음과 본성을 확실히 구분합니다. 예를 들어, 하나님께서는 〈본성을 지켜라〉고 하지 않고 〈마음을 지켜라〉고 명하십니다. 우리는 〈본성으로 믿는 것〉이 아니라 〈마음으로 믿습니다.〉 (롬 10:10) 하나님은 〈본성을 찢으라〉고 하신 적이 없습니다. (욜 2:13) 〈본성에 할례〉를 받으라고도 하지 않으셨습니다. (신 10:16) 〈본성을 깨끗하게 하라〉고 하신 적도 없습니다. (약 4:8) 전부 〈마음〉을 그렇게 하라고 하셨습니다. 마음을 지키고 가꿔야 할 책임은 우리에게 있으며 이를 부인하는 것은 인간의 책임을 외면하는 일입니다.

6_우리의 책임

마귀는 사람들이 자기 마음 상태에 아무 책임이 없다고 생각하도록 속입니다. 마치 정해진 길로 운행하는 별처럼 마음도 절대 바꿀 수 없다고 믿게 합니다. 게다가 우리 〈육신〉도 자기 정욕을 채우려고 이런 거짓말에 스스로 속아 넘어가려 합니다. 하지만 하나님의 주권적인 은혜로 새롭게 거듭난 자는 성경 말씀을 근거로 그런 속임수에 넘어가지 않습니다. 물론 지금까지는 하나님께서 주신 이 위대한 사역을 소홀히 해왔던 것은 사실입니다. 또, 자기 마음이 생각처럼 되지 않아 속상할 때도 있을 것입니다. 그래도 거듭난 자는 늘 더 나아지려 할 것이며 혹시 마음을 지켜야 할 책임을 이제서야 깨달은 사람이라면 지금부터라도 매일 마음을 더 잘 지킬 수 있도록 은혜를 구할 것입니다. 그리고 아무리 힘들어도 절대 포기하지 않으며 오히려 더욱 열정적으로 성령님의 도우심을 구할 것입니다.

마음을 지키는 그리스도인은 다음과 같은 마음을 가지려고 노력해야 합니다.

- 자원하는 마음 : 필요에 의해서가 아니라 자발적으로 기쁘게 일합니다. (출 35:5)

- 완전한 마음 : 진실하고 순전하고 올바릅니다. (대상 29:9)

- 부드러운 마음 : 온순하고 순종적이며 딱딱하거나 고집스럽지 않습니다. (대하 34:27)

- 깨어진 마음 : 모든 실패와 죄에 대해 슬퍼합니다. (시 34:18)

- 연합된 마음 : 모든 감정이 하나님 중심적입니다. (시 86:11)

- 넓어진 마음 : 성경의 모든 부분을 기뻐하며, 모든 하나님의 백성을 사랑합니다. (시 119:32)

- 올바른 마음 : 바른 교리와 예배 의식을 따릅니다. (잠 14:30)

- 기쁜 마음 : 주님을 항상 기뻐합니다. (잠 15:15)

- 정결한 마음 : 모든 악을 증오합니다. (마 5:8)

- 정직한 마음 : 속임수와 위선이 없고 성경의 가르침대로 살아갑니다. (눅 8:15)

- 한결같은 마음 : 오직 하나님의 영광만 바랍니다. (엡 6:5)

- 참된 마음 : 모든 일에 하나님께 솔직합니다. (히 10:22)

위태로운 시기에 마음 지키기

온 힘을 다해 마음을 지키는 일은 성도라면 때와 장소를 가리지 않고 힘써야 할 의무입니다. 이를 소홀히 해도 되는 시기나 조건은 없습니다. 그중에서도 특별히 평소보다 더욱 조심해서 마음을 지켜야 할 때가 있습니다. 그중 몇 가지를 살펴보며 주님께서 주신 이 의무를 잘 수행할 방안을 알아보겠습니다. 지금까지 다뤄온 일반적인 원칙도 중요하지만 이 원칙을 실생활에 적용하려면 더 구체적인 내용을 다룰 필요가 있습니다. 이런 세밀함이 부족한 것이 현대 사역의 큰 결점이기도 합니다.

오늘날 설교처럼 세부적인 가르침 없이 뭉뚱그려 일반적인 내용만 다룬다면 하나님께서는 이렇게 한탄하실 것입니다.

내 백성이 지식이 부족해 망하는구나. (호 4:6)

1_물질적으로 번영할 때

하나님의 섭리가 우릴 향해 미소 짓고 세상에서의 일시적인 축복이 풍성히 주어졌을 때 오히려 무분별하고 교만하고 세속적인 사람이 되기 쉬우므로 더욱 마음을 단단히 지켜야 합니다. 그래서 옛 이스라엘 백성에게 이런 경고가 주어졌습니다.

여호와 너희 하나님께서 너희 조상 아브라함, 이삭, 야곱에게 〈네가 짓지 않은 크고 좋은 성읍과 네가 채우지 않은 온갖 물건으로 가득 찬 집과 네가 파지 않은 우물과 네가 심지 않은 포도밭과 올리브 나무를 주리라〉고 맹세하신 그 땅으로 너희를 들어가게 하실 것이며 너희가 먹고 배 부를 것인데, 그때에 너희는 여호와를 잊지 않도록 조심하라. (신 6:10-12)

하지만 그들은 이 간곡한 명령을 지키지 않았습니다.

> 그러나 여수룬은 점차 살이 찌더니 발로 차버렸다. (신 32:15)

성경엔 교만에 대한 경고가 많습니다. 웃시아에 대해선 이렇게 기록되었습니다.

> 웃시아가 강성해졌을 때 그의 마음이 교만해져 그를 파멸로 이끌었다. (대하 26:16)

두로 왕에게는 이렇게 말씀하셨습니다.

> 네 재물 때문에 네 마음이 교만해졌다. (겔 28:5)

이스라엘 백성에 관한 말씀은 이렇습니다.

> 그들이 견고한 성읍과 기름진 땅을 취했고 온갖 물건으로 가득한 집, 잘 파진 우물, 포도밭, 올리브밭, 풍성한 과일나무를 차지해

먹고 배부르고 살찌고 주님의 크신 복으로 기뻐했습니다. 그럼에도 그들은 불순종하여 주께 반역했으며 주님의 율법을 등 뒤로 던져버렸고 그들을 주께 돌아오도록 증언한 주의 선지자들을 죽였습니다. (느 9:25~26)

그들이 자기 은과 금으로 우상을 만들었다. (호 8:4)

그 땅에 보기 좋은 것을 따라 아름답게 우상을 만들었다. (호 10:1)

그들의 들판처럼 그들도 배불렀고 그들이 배불렀을 때 마음이 높아졌다. 그리하여 그들은 나를 잊었다. (호 13:6)

참 안타까운 말씀입니다. 더욱 안타까운 건 오늘날 우리도 같은 비극을 반복한다는 점입니다. 살기는 참 좋아졌지만 신앙인의 삶은 세속적인 생각과 육신의 탐욕과 악한 사치로 가득합니다. 자칭 하나님의 백성이라는 자들의 삶에서 경건의 모습과 자기를 부인하는 모습은 점차 사라지고 탐욕과 쾌락과 음탕함만이 가득합니다. 이들의 죄도 크지만 경고하고 꾸짖고 책망해야 할 설교자들의 죄는 더욱 큽니다. 절제와 검소함의 모범을 보여야 할 그들이 세상에 만연한 죄에 관해선 침묵하고 오히려 과소비와 탐욕을 부추기고 있습니다.

이런 번영의 시기에 참된 그리스도인은 어떻게 마음을 지켜야 할까요?

첫째, 여러분에게 번영의 시기가 찾아오고 위험한 유혹이 엄습해올 때 이를 매우 심각하게 받아들여야 합니다. 왜냐하면 세상이 주는 번영과 쾌락에 빠져 살던 이가 영원한 멸망에서 벗어나는 경우는 극히 드물기 때문입니다.

> 낙타가 바늘구멍을 통과하는 것이 부자가 하나님 나라에 들어가기보다 쉬우니라. (마 19:24)

아, 얼마나 많은 이들이 세속적인 부와 안락함의 마차를 타고 지옥으로 달려가는지 모릅니다. 그에 비해 소수만이 고난의 막대기로 맞으면서 천국으로 끌려갑니다. 주님의 백성인 이스라엘 또한 세속적인 성공의 시기에 많은 이들이 타락하고 말았습니다. 광야의 열악한 환경에선 〈여호와께 거룩〉(렘 2:3)하였지만 가나안의 기름진 땅에서 배가 부르자 이렇게 말합니다.

우리가 주인 되었으니 이제는 당신께 돌아가지 않겠나이다. (렘 2:31)

둘째, 〈부유함이 늘어나도 그것에 마음을 두지 마라〉(시 62:10)는 말씀을 붙들고 간절히 은혜를 구하십시오. 그런 부는 여러분을 시험해보려고 주어진 것일 수도 있습니다. 재산은 언제든 날아가 버릴 수 있는 불확실한 것이며 우리 영혼을 채워줄 수도 없고 오히려 멸망에 이르게 할 뿐입니다. 하나님은 사람을 평가할 때 재산의 많고 적음을 고려하시지 않습니다. 주님은 우리 내면 상태를 평가하며 결코 외적인 소유를 보시지 않습니다.

모든 민족 가운데 주님을 경외하고 의를 행하는 자를 받으신다.

(행 10:35)

셋째, 하나님께서 정하신 마지막 정산의 날을 생각하십시오. 그날에 주님께서 주신 은혜의 양만큼 우리에게 책임을 물으실 것입니다.

많이 받은 자들에게는 더 많은 것이 요구되리라. (눅 12:48)

함부로 써버린 한 푼, 헛되게 보낸 한 시간, 무심코 내뱉은 한마디 말마다 우리는 주님의 청지기로서 책임을 져야 합니다.

2_고난에 처했을 때

하나님의 섭리가 우리에게 눈살을 찌푸리고 소중한 계획은 물거품이 되고 안전에 위협을 느끼는 시기에 그리스도인은 즉시 마음을 살펴야 합니다. 그래서 하나님께 대들거나 그분 손에 까무러치지 않도록 온 힘을 다해 마음을 지켜야 합니다. 욥은 인내의 모범을 보였으나 그 역시 환란 때문에 마음이 심란했습니다. 요나는 하나님의 사람이었지만 그도 시험에 임했을 때 투정했습니다. 이집트에서 기적처럼 구출된 이스라엘 백성은 홍해 앞에선 전심으로 여호와를 찬양했지만 광야에서 음식이 떨어지자 불평하며 반역했습니다. 인생의 폭풍 속에서도 고요하게 마음을 유지하고 육신이 고통의 쓴맛을 맛볼 때 영혼은 오히려 달게 여기는 자가 더 큰 은혜를 받기 마련입니다. 욥은 이렇게 고백했습니다.

> 주신 자도 여호와시고 취하신 자도 여호와시니 여호와의 이름을 송축하리라. (욥 1:21)

이것이 그리스도인이 취해야 할 자세입니다. 다음 조언들이 여러분께 도움될 것입니다.

첫째, 하나님께서 섭리 가운데 고난의 길로 이끄시더라도 그분은 신실하게 택하신 백성을 사랑하시며 결국 그 고난을 통해 여러분을 더욱 거룩하게 만드신다는 것을 기억하십시오. 우연히 생기는 일은 없으며 모든 것이 하나님의 뜻에 따라 이루어집니다. (엡 1:11) 그래서 〈하나님을 사랑하는 자, 곧 그분의 뜻에 따라 부르심을 입은 자들에게는 모든 것이 선을 이루기 위해 합력합니다.〉 (롬 8:28) 이 사실을 믿는다면 여러분의 놀란 가슴은 차분해지고 무기력한 마음에 생기가 돌 것입니다. 세상 사람들은 고난이 닥쳐왔을 때 바닥이 푹 꺼질 듯 한숨을 쉬겠지만 우리는 그렇지 않습니다. 영원하신 하나님께서 우리 피난처 되시며 영원하신 팔로 붙들고 계시기 때문입니다. 그러니 〈마음에 근심하지 말고 두려워하지도 마십시오.〉 (요 14:27) 혈육을 아프게 하는 바로 그 고통이 우리 영혼의 축복을 위해 설계된 것입니다. 하나님은 〈우리의 유익〉을 위해 채찍질하십니다. (히 12:10)

하나님의 사랑이 담긴 계획을 잘 모르기 때문에 하나님께서 우리를 다루실 때 불평하는 것입니다. 우리 믿음이 조금만 더 크다면 〈여러 시험을 당할 때 온전히 기쁘게 여길 것입니다.〉 (야 1:2) 그런 시험은 우리 마음을 헛된 세상에서 멀어지게 하고 교만한 마음을 없애주고 세상에 만족하지 않게 하며 우리 마음에 있는 불순물을 제거해주기 때문입니다. 이처럼 아버지께서 우리 영혼을 위해 사랑이 담긴 계획을 실행하고 계시는데 우리가 화를 내는 것이 마땅합니까? 지금은 잘 모르겠지만 언젠가 지금 겪는 고통이 사실은 축복이었음을 깨닫고 이렇게 고백할 날이 올 것입니다.

고난을 겪는 것이 내게 유익하도다. (시 119:71)

둘째, 지금 겪는 고난을 허락하신 분이 바로 우리 아버지라는 사실을 기억한다면 낙심하는 것을 방지할 수 있습니다. 하나님께서 허락하지 않으셨다면 어떤 생명체도 말이나 손으로 우리에게 상처 줄 수 없습니다. 설사 주님께서 쓴잔을 마시게 하더라도 그 안에 독이 들어있진 않습니다. 주님께서 말씀하시지 않았습니까?

내가 너희를 해치지 않을 것이다. (렘 25:6)

여러분이 진실로 주님의 자녀라면 여러분이 아무리 다가가도 주님은 해치지 않으십니다. 늘 주님 곁에 있는 게 여러분에게 가장 좋습니다. 비록 필요할 땐 매를 아끼지 않으시지만 그것은 분명 사랑의 매입니다. (히 12:6) 믿음직하고 다정한 의사는 환자의 상태를 유심히 살피고 그의 목숨을 살릴 수 있는 최상의 처방을 할 것입니다. 그런데 수술받는 과정이 힘들고 아프다며 환자가 〈이 돌팔이 의사야, 날 죽일 작정이냐!〉라고 대들면 의

사의 심정은 어떻겠습니까? 그러니 가장 위대한 의사께서 주신 처방에 대해 무작정 의심하고 불만을 품는 일은 이제 그만두십시오.

셋째, 하나님께서 때론 우리에게 고난을 주시지만 그럼에도 절대 주님의 인애를 거두지 않겠다고 약속하셨습니다.

> 만일 그의 자손이 내 율법을 버리고 내 정의를 따라 걷지 않으며 그들이 내 법규를 어기고 내 계명을 지키지 않으면, 내가 막대기로 그들의 죄를 처벌하고 채찍으로 그들의 불의를 징계할 것이다. 그럼에도 내 인애를 그에게서 완전히 거두지는 않고 내 신실함을 저버리지도 않을 것이다. (시 89:30-33)

이런 말씀을 듣고도 불만을 품을 수 있습니까? 위로의 열매가 가득 열린 나무를 통째로 주셨는데 바람을 불게 해 잎사귀 몇 잎 떨어뜨렸다고 불평하다니 얼마나 배은망덕한 일입니까? 하나님께선 우리에게 영적인 축복뿐 아니라 세속적인 은혜도 함께 주셨습니다. 그런데 영적인 축복은 하나님께서 영원히 보장

해주시지만 세속적인 은혜는 때때로 거두어 가십니다. 왜냐면 여러분이 그것에 마음을 빼앗기는 것을 원치 않으시기 때문입니다.

넷째, 이처럼 낮추시는 과정을 통해 하나님은 여러분이 오랫동안 기도하고 갈망했던 일을 이뤄주고 계십니다. 그렇다면 그 때문에 근심하는 게 어리석은 일이 아닐까요? 여러분은 주님께 영혼을 깨끗게 해달라고 기도하지 않았나요? 그리스도의 형상을 닮아가고 죄의 권능에서 벗어나길 갈망하지 않았습니까? 인생의 헛됨과 부족함을 깨닫고 세상과 육신의 정욕에서 벗어나 오직 그리스도 안에서 기쁨과 만족을 찾도록 기도하지 않았나요? 그래서 하나님은 열악한 환경을 사용해 여러분의 소원을 들어주고 계신 것입니다. 유혹에서 벗어나고 싶지 않습니까? 하나님께서 여러분이 가는 길에 가시덤불을 놓으실 것입니다. 인생의 헛됨을 깨닫고 싶습니까? 주님은 여러분의 경험을 통해 깨닫게 할 것입니다. 부패한 마음이 제거되길 원하십니까? 주님께서 그것을 자라게 하던 음식과 기름을 제거하실 것입니다. 번영이 부패한 마음을 자라게 하듯, 고난이 그것을 제거하는 훌륭한 도구이기 때문입니다. 주님 품에 안겨 마음에 쉼을 얻고 싶습니까? 주님께서 여러분이 편하게 베고 자던 세속적인 기쁨의 베개를 앗아가실 것입니다.

마지막으로 혹시 구약에 나오는 리브가처럼 아직도 위로받기를 거절하는 분을 위해 한 가지 더 말씀드릴 게 있습니다. (창 27:46) 이것에 대해 진지하게 생각해보면 분명 여러분의 심란한 마음은 고요해질 수밖에 없을 것입니다. 현재 여러분의 불만스런 환경과 저주받아 지옥에 떨어진 자들의 처지를 비교해보십시오. 한때 함께 즐거워했던 여러분의 친구 중 일부는 지금 하나님의 거룩한 분노 아래 슬피 울며 이를 갈고 있을지 모릅니다. 그들은 꺼지지 않는 지옥 불 속에서 울부짖고 있을 것입니다. 게다가 당신도 원래는 그들과 같은 처지여야 합니다! 지금 아무리 힘들다 해도 지옥에 있는 자들과 비교할 수 있겠습니까? 만약 그들에게 당신의 환경과 맞바꿀 기회를 준다면 너도나도 할 것 없이 당장 바꾸려 할 것입니다. 우리 죄가 영원 형벌에 처해 마땅하단 사실만 잊지 않는다면 빵 한 조각과 물 한 잔만 가지고도 하나님께 진심으로 감사드릴 수밖에 없을 것입니다.

3_사회가 혼란할 때

괜히 겁주려는 것은 아니지만 과거 하나님의 방식으로 미루어 보아 조만간 사회가 큰 혼란에 휩싸여 생명과 재산이 위협받는 시기가 올 것만 같습니다. 이렇게 예상하는 이유는 그저 하층민의 불만이 폭발하기 일보 직전이며 수많은 사람이 극심한 빈곤에 시달리기 때문만은 아닙니다. 그보다 전능하신 하나님 앞에 자기를 낮추고 과거에 즐기던 향락을 회개하며 삶을 개혁하려는 믿는 자들을 요즘은 거의 찾아볼 수가 없기 때문입니다. 도대체 얼마나 많은 연단을 거쳐야 오만한 자가 겸손해지고 하나님보다 쾌락을 더 사랑하던 자들이 자기 마음과 삶을 온전히 하나님께 드리게 될까요?

하나님의 손이 사나운 인간의 고삐를 틀어쥐고 있는 한 법과 사회 질서를 붕괴시키는 어떠한 반란이나 혁명도 일어나지 않습니다. 전능하신 주님은 모든 창조물을 완벽히 통제할 수 있습니다. 그러므로 우리는 나라와 민족을 위해 주님께 기도 드려야 합니다.

> 우리가 모든 경건함과 정직함 가운데 고요하고 평화롭게 살 수 있도록 왕들과 모든 권력자를 위해 기도하라. (딤전 2:2)

만일 하나님의 손이 모든 일을 통제하고 있지 않다면 이런 간구는 아무 의미도 없겠지요. 하나님께서 유기된 자들이 세상을 엉망진창으로 만들지 못하게 막고 계신 것도 모두 택하신 자들을 보호하기 위함입니다. 하지만 우리가 주님에게서 멀리 벗어나면 처음엔 가벼운 징벌을 내리실 것입니다. 그런데 그것을 무시하고 회개하지도 않고 악한 길에서 돌아서지도 않는다면 그다음엔 더욱 가혹한 방법으로 우리를 무릎 꿇게 만드실 것입니다.

이스라엘의 역사, 특히 사사기 부분을 주의 깊게 읽으면 하나님께서 이스라엘 백성이 우상으로부터 돌아오게 하시려고 극단적인 방법까지 동원하셔야 했다는 것을 알 수 있습니다. 마찬가지로 16~18세기 유럽의 기독교 국가의 역사를 보면 하나님께서 그들도 같은 방식으로 다루셨다는 것을 알 수 있습니다. 그리고 요즘 우리 사회를 보면 심상치가 않습니다. 사람들은 주일을 지키지도 않고 파렴치한 일들이 만연하며 불법의 영이 사방에 퍼져있습니다. 이를 끝내려면 산업 불경기, 경제 침체, 유행병 같은 것보다 훨씬 무서운 징계가 필요할 것 같습니다. 어쩌면 주님께서 조만간 지옥의 개들을 풀어 온 세상을 난장판으로 만드실지도 모릅니다. 이런 일을 생각하면 지금은 그 어느 때보다 특별히 마음을 살펴야 할 시기인 것 같습니다.

누가 장래 일을 듣겠느냐? (사 42:23)

사회가 혼란에 휩싸이면 아무리 마음이 담대한 자라도 두렵기 마련입니다. 하늘에는 불길한 징조가 있고 땅에서는 열방이 당황해 할 때 사람들의 마음은 공포에 떨며 장차 일어날 일에 대해 걱정합니다. (눅 21:25~26) 그러나 성도들은 두렵지 않고 오히려 마음이 들떠 이렇게 말할 것입니다.

> 하나님은 우리 피난처와 힘이며 환난 때 시기적절한 도움이시다. 그러므로 땅이 꺼지고 산이 바다 한가운데로 옮겨지고 물이 포효하며 요동해도, 우리는 두려워하지 않을 것이다. (시 46:1~3)

여호와께서 내 빛과 구원이시니 내가 누구를 두려워하겠는가?
여호와께서 내 생명의 힘이 되시니 내가 누구를 무서워하겠는가? (시 27:1)

그렇다면 환난의 때, 우리는 어떻게 하면 두려움에 사로잡히지 않고 마음을 지킬 수 있을까요?

첫째, 그럴 때조차 모든 것은 하나님 손에 달려 있으며 어떤 환난이든 주님께서 허락하셔야 일어날 수 있다는 진리를 믿음으로 굳게 붙드십시오. 그러면 여러분 마음에 놀라운 평안이 임할 것입니다. 아무리 무서운 사자라도 조련사 손에 붙들려 있다면 전혀 두렵지 않습니다. 볼셰비키(레닌이 인솔한 러시아 정당, 폭력에 의한 공산당 혁명을 주장함_옮긴이)가 휩쓸던 환난이 여기서도 일어난다면 정말 무섭겠지만 설사 그렇다 해도 하늘과 땅을 통치하시는 주님께서 이렇게 말씀하실 것입니다.

네가 여기까지는 올 수 있으나 그 이상은 안 된다. (욥 38:11)

형제자매 여러분, 그럴 때조차 주님은 여전히 우리 아버지며 여러분 자신보다 여러분을 더 소중하게 보살피십니다. 겁 많은 여인 앞에 칼을 쥔 악당이 서 있다면 얼마나 두렵겠습니까? 하지만 똑같은 칼을 사랑하는 남편이 들고 있다면 얼마나 듬직하겠습니까? 이처럼 시각적인 눈으로 세상을 보면 두려울지 몰라도 믿음의 눈으로 하나님 손에 붙들린 세상을 바라보면 오히려 안심할 수밖에 없습니다.

둘째, 그리스도께서 두려워하는 것을 금지하셨음을 기억하고 주님의 명령을 어기지 않도록 다짐하십시오. 하나님의 아들께서 우리에게 명령하셨습니다.

> 너희가 전쟁과 폭동에 관해 들을 때 두려워하지 마라. (눅 21:9)

이 말씀에 순종할 수 있도록 주님께 은혜를 구하십시오.

> 어떤 일에도 너희가 적들을 두려워하지 않으리니. (빌 1:28)

마태복음 10장 26~31절에서 세 번이나 〈사람〉을 두려워 말라고 명령하셨습니다. 하나님의 목소리가 더 무섭습니까, 피조물의 목소리가 더 무섭습니까? 그렇게 겁이 많다면 어째서 그리스도의 명령은 두려워하지 않습니까? 주님의 명령이 그렇게 만만합니까? 우릴 평온케 하는 주님 말씀의 권능에 비하면 우릴 떨게 하는 인간의 위협은 벌레만도 못한 것입니다.

> 너희를 위로하는 이가 다름 아닌 나인데, 너는 누구길래 죽을 수밖에 없는 인간 따위를 두려워하느냐? (사 51:12)

셋째, 성경에는 환난 때 우리에게 위로가 되는 귀한 약속이 많이 기록되어 있습니다. 이것이 우리가 안전하게 몸을 숨길 피난처입니다. 여러분이 처한 위급한 상황에 꼭 필요한 말씀이 성경 곳곳에 있습니다.

> 네가 밤의 공포와 낮의 쏜 화살을 두려워 않으며 어둠 속을 걷는 전염병과 한낮의 황폐케 하는 파멸도 두려워 않을 것이다. 천 명이 네 곁에 쓰러지며 만 명이 네 우편에 넘어져도 파멸은 네게 다

가오지 않을 것이다. 너는 그저 네 눈으로 악인이 대가를 치르는 것을 볼 것이다. 네가 여호와를 피난처로 삼고 가장 높으신 분을 거처로 삼았으므로 해악이 네게 일어나지 않으며 재앙이 네 거처로 다가오지 못할 것이다. 주께서 천사들을 네게 보내사 모든 길에서 너를 지키시리라. (시 91:5~11)

야곱아, 이제 널 창조하신 여호와께서 말씀하신다. 이스라엘아, 널 지으신 이가 말씀하신다. 〈두려워 마라. 내가 널 구속하였고 네 이름을 불렀으니 너는 내 것이라. 네가 물로 지나갈 때 내가 너와 함께하며 강을 건널 때 물이 너를 덮치지 못하리라. 네가 불로 지나갈 때 타지 아니하며 불꽃이 널 사르지도 않으리라.〉 (사 43:1~2)

마지막으로 예수 그리스도께서 여러분 영혼의 소유권을 영원히 쥐고 계시다는 것을 확신하십시오. 그러면 지금의 세상은 전혀 두렵지 않을 것입니다. 결국 우리 육신은 새롭게 부활해 소중한 영혼과 함께 영원히 살 것입니다. 이런 사실을 깨닫는다면 현재 육신의 안위는 시시하게 생각될 것입니다.

내가 친구 된 너희에게 말하노니, 몸은 죽여도 그 후에 더는 아무 짓도 못 하는 자들을 두려워 마라. (눅 12:4)

우리 영이 육신을 떠날 때 그리스도께서 영원한 집으로 맞이하신다는 사실을 성경을 근거로 확신한다면 생명을 위협하는 어떠한 것도 두려워 마십시오. 〈아, 그래도 끔찍하게 죽임을 당하면 어떡하죠?〉라고 걱정될 수도 있습니다. 하지만 여러분 영혼이 천국에 있다면 무엇이 문제겠습니까? 시신의 눈을 감겨주는 이가 친구든 적이든 무슨 상관입니까? 천국에 있을 영혼은 시신이 어떻게 취급을 당하는지 관심도 없을 것입니다.

4_교회에 어려움이 생겼을 때

주님의 시온에 어려움이 생겼을 때 교회를 걱정하는 자들은 좌절하지 않도록 마음을 단단히 지켜야 합니다. 한때 아름다웠던 교회 정원의 울타리가 부서져 멧돼지에게 짓밟히고 꽃은 잡초로 바뀌었을 때 경건한 영혼은 이렇게 애통할 것입니다.

> 아, 내 머리가 물이었고 내 눈이 눈물샘이었다면 죽임을 당한 내 백성의 딸을 위해 밤낮으로 울 수 있었을 텐데. (렘 9:1)

하지만 잊지 마십시오. 주님의 허락 없이는 어떤 어려움도 시온에 있을 수 없습니다. 또, 마침내 선을 이루는 일이 아니라면 주님은 결코 허락하지 않습니다. 게다가 〈옳은 자들이 밝히 드러나려면 우리 가운데 이단도 섞여 있어야 합니다.〉 (고전 11:19) 그러니 하나님께서 주신 다음 약속을 굳게 붙잡고 늘 간절히 기도하십시오.

> 적이 홍수처럼 밀려올 때 여호와의 영이 그를 대항해 군대의 깃발을 들어 올리시리라. (사 59:19)

교회가 아무리 적의 물살에 휩쓸리더라도 분명 다시 일어날 것입니다.

5_사람들에게 상처받았을 때

사람들에게 큰 부상이나 마음의 상처를 입었을 때 어떻게 하면 복수심에서 마음을 지킬 수 있을까요?

첫째, 하나님의 명령을 마음에 새기십시오. 복수는 우리의 타락한 본성을 기쁘게 하지만 하나님께선 이를 금지하셨습니다. 본성은 복수가 달콤하다고 속삭이지만 주님은 그 결과가 쓰다고 말씀하십니다. 하나님께선 이 육신을 기쁘게 하는 죄를 단호히 금지하셨습니다.

〈그가 내게 행한 대로 나도 그에게 행하며 그의 행위대로 나도 그에게 갚으리라〉고 말하지 마라. (잠 24:29)

너희 스스로 복수하지 마라. (롬 12:19)

심지어 이렇게까지 말씀하셨습니다.

네 원수가 굶주리거든 먹을 음식을 주고 목마르거든 마실 물을

주어라. (잠 25:21)

성경이 인간이 쓴 책이 아니란 많은 증거 중 하나가 바로 복수를 금지했다는 점입니다. 복수는 인간 본성이 매우 달콤하게 여기는 것이기 때문입니다. 그러니 성경을 통해 말씀하시는 하나님의 권위에 순종하십시오.

둘째, 그리스도께서 보여주신 귀중한 예를 마음에 새기십시오. 구세주께서 받으신 것보다 더 큰 상처를 받은 이가 있습니까? 하지만 주님께서는 모든 걸 용서하셨습니다.

> 그는 모욕을 당하셨으나 되갚지 않으셨고 고난을 겪으셨으나 위협하지 않으셨고 그저 공의롭게 심판하시는 이에게 맡기셨도다.
>
> (벧전 2:23)

온유하고 자비로운 마음을 가지는 게 그리스도를 닮아가는 것입니다.

셋째, 복수는 욕망을 채워주는 것이며 용서는 욕망을 정복하는 것입니다. 이 사실을 깨닫고 마음을 진정시키십시오. 그리고 우리가 주님께 죄지은 것을 생각하면 남이 우리에게 죄지었을 때 쉽게 분노에 휩싸이지 않을 것입니다. 그래도 모욕과 불의를 참아내기 힘드십니까? 그렇다면 우리 혈기가 모두 제거되는 은혜가 임하도록 열심히 기도하십시오.

6_시험에 들었을 때

시험에 들어 주님 낯을 뵐 면목이 없을 때 어떻게 하면 마음을 지킬 수 있을까요? 일단 하나님께서 시험에 든 백성에게 약속하신 말씀을 찾아보십시오.

> 돌아오라, 시험에 든 자녀들아. 내가 너희 타락함을 고칠 것이다.
>
> (렘 3:22)

> 내가 그들의 타락함을 고칠 것이며 그들을 기꺼이 사랑하리니, 이는 내 진노가 그에게서 떠났음이라. (호 14:4)

그리고 어떤 죄나 어려움이 있더라도 절대 도망치지 말고 하나님께 나아가 다윗처럼 솔직하게 고백하십시오.

> **나의 죄악을 용서하소서. 그것이 매우 크나이다.** (시 25:11)

하지만 하나님께 나아갈 자격도 없고, 아무런 도움도 받을 수 없을 것만 같습니까? 그러면 이 말씀을 굳게 붙드십시오.

> 너희 중 여호와를 두려워하고 주님 종의 목소리에 순종하지만, 어둠 속을 걸으며 빛이 없는 지기 누구냐? 그는 여호와의 이름을 신뢰하고 그의 하나님께 의지하라. (사 50:10)

7_죽음을 맞이할 때

죽을 병에 걸렸을 때 어떻게 하면 세상 모든 것에 대한 미련을 버리고 담담하게 죽음을 맞이할 수 있을까요? 첫째, 죽음이 그 쏘는 것을 잃었고 우리를 상하게 할 수 없음을 기억하십시오. (고전 15:55) 둘째, 죽음을 맞이할 때 우리가 짊어진 모든 무거운

짐이 사라질 것을 생각하십시오. 우리 영혼은 지금 값비싼 월세를 치르며 육신이란 셋방에 머물고 있습니다. 따라서 성도에게 죽음이란 현재 겪는 온갖 어려움과 환란에서 해방되고 육신의 고통과 괴로움에서 벗어나게 할 뿐 아니라 온갖 영적인 질병에서도 자유롭게 하는 것입니다.

이는 죽은 자는 죄로부터 자유롭게 됨이니라. (롬 6:7)

〈칭의〉는 사망의 멸망시키는 권세를 파괴하고 〈성화〉는 사망의 지배하는 권세를 파괴하지만 〈영화〉는 사망의 존재 자체를 파괴합니다. 죽음을 맞이할 때 그리스도인은 사탄과 그의 유혹에서 영원히 벗어납니다. 이 얼마나 환영할 일입니까! (제4장의 많은 부분이 청교도 존 플라벨의 저서에서 도움을 받았습니다_지은이)

몇 가지 주의할 점

1_본성과 마음

〈하나님은 헷갈리게 하시는 분이 아닙니다.〉 (고전 14:33) 헷갈리게 하는 자는 마귀입니다. 그는 많은 이의 생각에 〈마음〉과 〈본성〉은 같은 것이란 착각을 심어 놓았습니다. 그래서 사람들은 흔히 이렇게 말합니다.

> 저는 악한 마음을 가지고 태어났고 그것을 어찌할 수 없습니다.

하지만 이렇게 말하는 것이 정확한 표현입니다.

> 저는 악한 본성을 가지고 태어났고 그것을 억누를 책임이 있습니다.

그리스도인은 〈육신의 본성〉과 〈영적인 본성〉 외에 주님이 지키라고 하신 〈마음〉도 가졌습니다. 이미 이 점을 설명했지만, 한 번 더 말씀드리겠습니다. 우리는 〈본성〉을 바꾸거나 개선할 수는 없지만 〈마음〉은 그럴 수 있으며, 또 그래야만 합니다. 예를 들어, 본성은 게으르고 편한 것을 좋아하지만, 우리는 시간을 소중히 여기며 선한 일에 힘써야만 합니다. 또, 본성은 죽음을 생각하기 싫어하지만, 우리는 이 세상을 떠나 그리스도와 함께 있을 그 날을 염원해야 합니다.

2_머리로 믿는 신앙

오늘날 유행하는 두 가지 신앙은 〈머리로 믿는 신앙〉과 〈손으로 믿는 신앙〉입니다. 전자는 하나님의 일을 지적으로 더 많이 알려고 노력하는 신앙이며, 후자는 〈주님을 위한 사역〉이라 불리는 활동을 반복하는 신앙입니다. 하지만 두 부류 모두 〈마음〉에 관해선 완전히 무시하고 있습니다! 많은 사람이 읽고 연구하고 〈성경 세미나〉라는 곳에 참석하지만 그들이 얻은 영적인 유익은 가장 기초적인 수준에 불과합니다. 이런 비난이 너무 가혹하다고 생각될 수도 있기에 최근 이런 〈성경 세미나〉를 여덟 개 이상 수료한 형제에게 받은 편지를 인용해보겠습니다.

> 소위 〈자아 성찰〉이라 하는 이 고된 노력은 하나님에 대해 제대로 알려주지도 않았고 제 깊은 필요를 채워줄 적합한 성경 지식도 가르쳐주지 않았습니다.

당연합니다. 그런 대규모 성경 세미나의 강사와 교재 편집자들은 육신이 듣기 거북한 내용이나 불신자의 죄를 지적하는 내용이나 양심을 찌르고 살피게 만드는 내용은 전부 **빼버리니까요**. 아, 이것이 머리로 믿는 기독교의 비극입니다.

3_손으로 믿는 신앙

손으로 믿는 신앙 또한 비참합니다. 회심한 지 얼마 되지도 않은 이들을 억지로 주일 학교 교사로 세우기도 하고, 그들을 거리로 내몰아 지나가는 낯선 이에게 말을 걸도록 하고, 아니면 남은 개인 사역에 힘쓰도록 시킵니다. 얼마나 많은 어린 청소년들이 정작 자기 영혼은 굶주려 있는데도 소위 〈그리스도를 위한 영혼 전도〉란 명목으로 이런저런 사역에 동원되는지 모릅니다. 아마 그 아이들에게 매일 성경을 두세 절 암송하게 시킬지는 모르나 그런 것으론 영혼을 먹인다고 할 수 없습니다. 얼마나 많은 이들이 지극히 높으신 분과 교제하며 보내야 할 저녁 시간을 몇 가지 〈미션〉을 수행하느라 허비하는지 모릅니다. 또, 많은 현혹된 영혼이 주일의 대부분 시간을 여기저기 모임에 참석하느라 바쁘게 보내고, 정작 한 주간 있을 유혹에 대비해 하나님께 매달리는 시간은 전혀 가지지 않습니다. 아, 이런 것이 손으로 믿는 기독교의 비극입니다.

마귀가 이렇게 교활하답니다! 〈여호와를 아는 지식〉을 쌓게 해 준다며 끝없이 반복되는 모임에 참석시키고 쉴새 없이 쏟아져

나오는 새로운 책과 신앙 잡지를 읽으라 합니다. 그렇지 않으면 모두 〈주님께 영광 돌리는 일〉이라며 소위 〈봉사〉라 불리는 온갖 잡다한 일을 시킵니다. 마귀는 여러분을 이 둘 중 하나에 빠뜨려 결국 주님이 맡기신 가장 중요한 일인 〈마음 지키기〉에는 전혀 신경 쓰지 못하게 합니다.

온 힘을 다해 네 마음을 지켜라. 이로부터 삶의 모든 것이 나오느니라. (잠 4:23)

아, 죄짓지 않게 영혼을 지키고 하나님과 교제하기 위해 기도와 말씀 묵상에 힘쓰는 일에 비하면 낯선 이들에게 연설하는 일은 매우 쉬운 일입니다. 우리를 깨끗이 변화되게 해달라고 하나님의 은혜를 구하며 몸부림치는 일에 비하면 〈시대의 표적〉을 다룬 자극적인 글을 읽느라 시간을 보내는 것은 매우 쉬운 일입니다.

4_마음을 지키는 것이 중요한 이유

1) 마음을 지키는 일이야말로 그 어떤 것보다 중요합니다. 이 점을 무시한다면 우리는 그저 형식주의자에 불과할 것입니다. 〈내 아들아, 네 마음을 내게 주어라〉(잠 23:26)라는 말씀에 순종하기 전에는 주님께선 우리가 드리는 어떤 것도 받지 않으실 것입니다. 마음이 주님께 있지 않다면 우리 입술로 드리는 기도와 찬양, 손으로 수고한 모든 섬김, 겉으로 옳게 보이는 걸음은 하나님 보시기에 아무짝에도 쓸모 없습니다. 바울은 성령의 감동함으로 이렇게 선언했습니다.

> 내가 비록 천사와 사람의 언어로 말해도 사랑이 없으면 소리 나는 금관악기나 울리는 징처럼 될 뿐이다. 내가 비록 예언의 은사가 있고 모든 비밀과 지식을 이해하고 또 산을 옮길만한 모든 믿음을 가져도 사랑이 없으면 난 아무것도 아니다. 내가 비록 모든 것을 주어 가난한 자를 먹이고 내 몸을 불사르도록 내어주어도 사랑이 없으면 내게 아무 소용이 없다. (고전 13:1~3)

마음이 하나님께 있지 않다면 비록 예배 의식에 참석은 할 수 있어도 하나님께 진정한 경배를 드릴 수는 없습니다. 그러므로 여러분 마음에 주님에 대한 사랑이 있는지 꾸준히 살피십시오.

하나님은 우리 겉모습에 속지 않습니다. 마음을 하나님께 바르게 할 생각이 없는 자는 그저 위선자일 뿐입니다.

> 그들은 마치 내 백성인 것처럼 네게 오며 내 백성인 것처럼 네 앞에 앉아 네 말을 듣지만 그것을 행하지는 않을 것이다. 이는 그들 입으로는 많은 사랑을 보이지만 마음은 욕심을 따라 행하기 때문이다. 아, 너는 그들에게 그저 감미로운 목소리와 현란한 연주솜씨를 지닌 자의 아름다운 노랫소리 같을 것이다. 이는 그들이 네 말을 듣지만 그것을 행하지 않기 때문이다. (겔 33:31~32)

여기 형식적인 위선자 무리의 예가 등장하는데 〈내 백성인 것처럼〉이란 표현이 그 증거입니다. 그들은 백성처럼 보이지만 백성이 아닌 자들입니다! 무엇이 문제였을까요? 겉으로 보기엔 매우 좋았습니다. 신앙고백, 주님을 섬기는 자세, 예배에 참석하는 모습, 어느 것 하나 나무랄 데 없었습니다. 아, 하지만 그들의 마음은 하나님께 있지 않고 자신의 탐욕과 정욕을 따랐습니다.

그런데 혹여 이 말씀 때문에 진짜 성도조차 자기가 위선자인 건 아닐까 염려할지도 모릅니다. 비록 〈온 힘을 다해 애쓰지만〉 그들 역시 마음이 자주 방황하고 기도하거나 말씀 읽거나 예배드릴 때 하나님께 집중 못 할 때도 있기 때문입니다. 하지만 〈온 힘을 다해 애쓴다〉는 것이 바로 위선자가 아니란 증거입니다. 비록 방황하는 마음 때문에 괴로워하는 모습을 주님께서 전부 지켜보고 계시지만 그래도 여러분은 제대로 된 축복을 받은 것입니다. 아직 여러분을 낮추기 위한 많은 시험이 남아 있을 테지만 그것을 극복하려고 애쓰고 슬퍼하는 모습만으로도 여러분은 충분히 위선자가 아닙니다.

2) 마음을 지키는 것은 그로부터 삶의 모든 것이 나오기 때문에 가장 중요합니다. 삶의 모든 핵심 기능과 행동이 마음에서부터 시작됩니다. 마음은 창고이며 손과 입은 판매점입니다. 마음에 저장된 것이 손과 입을 통해 나오는 것입니다. 마음이 계획하면 다른 지체는 그것을 실행에 옮깁니다. 영적인 삶의 원리가

형성되는 곳이 바로 마음입니다.

> 선한 사람은 마음에 쌓은 선한 것에서 선한 것을 내고, 악한 사람은 마음에 쌓은 악한 것에서 악한 것을 낸다. (눅 6:45)

그러니 열심을 내서 마음을 경건한 것으로 가득 채웁시다. 우리 마음 샘이 넘치는 사랑, 거룩한 두려움, 죄에 대한 혐오, 자애로운 실천으로 나날이 풍성해져서 그로부터 거룩한 말과 행동이 흘러나오도록 합시다.

3) 마음을 지키는 것은 세상에서 가장 힘든 일입니다.

> 느슨한 마음으로 이리저리 다니며 종교적인 행위를 하는 것은 어렵지 않다. 하지만 주님 앞에서 우리의 헛된 생각을 바로잡는 것은 굉장히 힘든 일이다! 유창한 말로 능수능란하게 기도하는 것은 쉬운 일이다. 하지만 깨어진 심령으로 죄를 고백하고 값없이 주신 은혜에 녹아내리고 주님의 무한한 거룩함에 압도돼 진실로 낮아지도록 마음을 지키는 것은 영혼을 고통스럽게 할 만큼 힘든

일이다. 죄가 밖으로 드러나지 못하게 억누르고 사람들에게 칭찬받는 행동을 하는 것은 그리 대단한 일이 아니다. 세상 사람들도 상식에 따라 그렇게 살 수 있다. 하지만 내면의 썩은 뿌리를 뽑고 생각을 거룩하게 지키고 마음의 모든 것을 바르게 하기란 절대 쉬운 일이 아니다. (존 플라벨)

아, 우리 영혼에서 교만을 뿌리 뽑는 일에 비하면 거리 한복판에서 연설하는 일쯤은 엄청나게 쉬운 일입니다. 마음속의 불경한 생각을 제거하는 일과 비교하면 거리에서 전도지를 나눠주는 일은 그다지 고생스럽지 않습니다. 낯선 불신자에게 말을 건네는 것보다 자기를 부인하고 날마다 자기 십자가를 지고 그리스도를 따라 순종의 길을 걷는 게 훨씬 어렵습니다. 주일학교에서 가르치는 일보다 자신에게 영적인 은혜를 굳건히 하도록 가르치기가 훨씬 어렵습니다. 온 힘을 다해 마음을 지키기 위해서는 수시로 마음을 관찰하여 우리 감정이 하나님을 향하는지 아니면 다른 곳을 향하는지 살펴야 합니다. 이런 일은 입술로만 믿는 자는 절대로 할 수 없는 일입니다. 그들은 종교적인 사업에는 기꺼이 헌신하지만 자기 마음을 지키고 청소하고 살피는 일은 하지 않을 것입니다.

4) 마음을 지키는 것은 쉬지 않고 해야 합니다.

> 마음을 지키는 것은 삶이 끝나는 날까지 그만둘 수 없는 일이다. 이 일은 우리 삶과 동시에 끝난다. 성도에게 마음을 지키는 일이란 바다에 나간 어부의 배에 구멍이 난 것과도 같다. 쉬지 않고 물을 퍼내지 않으면 배에 물이 차올라 침몰할 것이다. 이 일이 너무 힘들어서 이젠 지쳤다는 변명은 통하지 않는다. 우리 삶에 이 일을 멈추고 잠시 쉴만한 틈은 전혀 없다. 이스라엘과 아말렉이 싸울 때 모세가 손을 들고 있던 것처럼 우리도 쉼 없이 마음을 지켜야 한다. (출 17:12) 모세의 손이 내려가자 아말렉이 이기기 시작했다. 다윗과 베드로도 단 몇 분 동안 마음을 지키지 못해 수많은 밤낮을 슬픔으로 보내야 했다. (존 플라벨)

이 세상에 머무는 동안 우리는 마음을 지키는 일에 최선을 다해야 합니다. 이 일이 얼마나 중요한지 민수기 말씀을 통해 비유로 설명해보겠습니다.

장막 안에서 죽은 사람에 대한 율법은 이러하니, 그 장막 안으로 들어가는 모든 자와 그 장막 안에 있는 모든 사람이 칠 일 동안 부정할 것이며 뚜껑이 없어서 열려 있는 모든 그릇도 부정하다.

(민 19:14~15)

장막 안에서 죽은 자가 있을 때 장막 안의 모든 자가 부정해지는 것처럼 이 세상에 죄가 들어왔을 때 세상에 있는 모든 자가 부정해집니다. (롬 5:12) 또, 죽은 자가 있는 장막 안에 뚜껑으로 덮지 않은 그릇이 부정해지는 것처럼 죄로 오염된 이 세상에서 지켜지지 않은 마음도 금세 죄로 오염되고 맙니다. 하지만 마음의 뚜껑을 잘 덮어놓기만 하면 세상은 그것을 오염시키지 못할 것입니다.

5_마음을 지키는 것의 결과

지금까지 마음을 지키는 것이 그리스도인에게 주어진 중요한 일이며 참된 신자라면 항상 이 일에 힘써야 한다는 것을 배웠습니다. 또, 마음을 제대로 지키지 않으면 우리가 하는 어떠한 종교 활동도 주님은 받지 않으신다는 것도 살펴봤습니다. 그러면 이제 이런 사실이 어떤 결과를 초래하는지에 대해 알아봅시다.

1) 일단 많은 사람이 종교 활동에 쏟는 수고가 대부분 결실을 보지 못할 것입니다. 사람들이 하는 수많은 봉사와 놀라운 사역 대다수가 하나님께 거절당할 것이며 마지막 날에 아무 보상도 못 받기 때문입니다. 무엇 때문에 거절당할까요? 그런 일을 할 때 하나님을 향해 마음을 지키려는 수고가 전혀 없었기 때문입니다. 바로 이것이 수많은 거짓 신자를 영원한 파멸로 이끄는 치명적인 실수입니다. 그들은 외형적인 종교 활동에는 열심을 냈지만 자기 마음은 전혀 신경 쓰지 않았습니다. 읽고, 듣고, 토론하고, 기도하는 데는 엄청난 시간을 소비하면서 정작 하나님께서 맡기신 가장 중요한 일인 〈마음 지키기〉는 완전히 무시했습니다. 거짓 신자여, 한 번 답해보십시오. 냉랭하고 세속적이고 죽어있는 당신의 마음 때문에 눈물 흘린 적이 한 번이라도 있습니까? 마음을 지키고 청소하고 개선하려고 단 5분이라도 투자한 적은 있습니까? 한 번 생각해보십시오. 지금 하는 그런 쉬운 종교 활동이 당신을 구원해줄 수 있을까요? 만일

그렇다면 마태복음 7장 13절의 주님 말씀을 〈생명에 이르는 문은 크고 그 길은 넓어서 그리로 들어가는 자가 많도다〉라고 바꿔야 할 것입니다.

2) 마음을 지키는 것이 그리스도인에게 그토록 중요한 일이라면 이 세상에 참된 신자는 얼마나 드물단 말입니까! 만일 교회 말투를 배워 기독교인처럼 말하는 자들과 성령님의 일반 은총에 힘입어 기독교인처럼 기도하고 가르치는 자들과 스스로 하나님의 백성이라 생각하며 주님을 위해 헌신하고 교회의 규칙을 준수하며 기독교인처럼 지내는 자들이 모두 진짜 그리스도인이라면, 이 세상에 주님의 성도는 셀 수 없을 정도로 많을 것입니다. 아, 하지만 그들 중에 자기 마음을 지키고 생각을 살피고 동기를 분별하려고 애쓰는 자들은 얼마나 적은지 모릅니다. 왜냐하면 이런 일은 굉장히 힘들면서도 겉으로 드러나지는 않아서 주변 사람들로부터 칭찬과 존경을 받을 수 없기 때문입니다. 그래서 위선자들은 이런 일에는 조금도 관심이 없습니다. 이 〈마음 지키는 일〉은 드러나지 않는 극히 소수에 의해서만 행해지고 있습니다. 혹시, 당신도 그 소수 중 하나인가요?

3) 진짜 그리스도인 역시 마음을 지키는 데 지금보다 더욱 힘써야 합니다. 그렇지 않으면 믿음이 자라지도 않고 하나님께 유익한 자도 못 되며 세상에 큰 위로를 주는 자도 될 수 없습니다. 여러분 마음 상태는 어떻습니까? 혹시 무기력하고 죽어 있습니까? 생명의 근원이신 주님과 마음을 나누지 않은 게 언제부터인지 생각해보면 그리 놀라운 일도 아닐 것입니다. 우리 몸도 신경 쓰지 않고 내버려두면 건강이 나빠지는 것처럼 영혼 또한 마찬가지입니다. 아, 형제자매 여러분, 지금까지 모든 열정을 엉뚱한 곳에 쏟아붓진 않았나요? 물론 먹고사느라 바쁘겠지만 그런 와중에라도 늘 하나님을 기뻐하고 즐거워할 수는 있습니다.

에녹은 하나님과 동행하며 아들과 딸들을 낳았다. (창 5:22)

에녹도 하나님과 동행하기 위해 속세를 벗어나 수도원에 들어간 게 아닙니다. 에녹이 자녀를 낳고 기르면서도 늘 하나님과 동행한 것처럼 여러분도 먹고사느라 바쁘더라도 항상 하나님과 동행하며 살아갈 수 있습니다.

4) 지금은 어느 때보다도 마음 지키는 일에 최선을 다해야 할 시기입니다. 그렇지 않으면 나중에 이렇게 후회할지도 모릅니다.

> 그들이 나를 포도원 돌보는 자로 삼았으나 내가 나의 포도원은 돌보지 않았구나. (아 1:6)

여러분도 열매 없는 논쟁과 쓸데없는 질문은 그만두고, 헛된 직함이나 의미 없는 쇼에 열중하는 것도 그만두고, 다른 이를 가혹하게 질책하는 일도 그만두고, 그 시간에 차라리 자신을 돌아보십시오. 당신은 그동안 마음 지키는 일에 너무 무심했습니다. 신앙의 겉 테두리를 맴도느라 너무 오랜 시간을 낭비했습니다. 세상은 당신이 마음을 지키지 못하도록 너무 오래 방해했습니다. 그러니 이제라도 당신의 마음을 잘 돌보겠다고 결심하십시오.

5) 마음을 지키려면 여러 가지 세상일에 너무 몰두하지 않도록 주의해야 합니다. 그것이 소명으로 받은 직업일 수도 있고 소위 종교 활동이라 불리는 것일 수도 있습니다. 그런 일에 너무

몰입하면 영원한 가치를 지닌 영적인 문제에 집중할 수가 없습니다. 여러분은 이렇게 불평할지도 모릅니다.

> 그래도 먹고는 살아야죠.

네, 하지만 언젠가 죽어야 합니다! 그러니 하나님과 여러분 마음을 먼저 신경 쓰십시오. 그러면 주님께서 여러분 몸이 굶주리지 않게 도와주실 것입니다. 육신의 극성스런 요구를 들어주느라 영혼을 무시하는 일이 없도록 주의하십시오. 주님도 마르다가 〈많은 일〉에 분주한 것을 꾸짖으시며 그녀에게 필요한 건 〈단 하나〉임을 알려주셨습니다. (눅 10:42) 여러분도 다윗처럼 이렇게 고백하십시오.

> 내가 여호와께 청한 단 하나, 그것을 구하리니, 그것은 내 삶의 모든 날 동안 여호와의 집에 거하면서 여호와의 아름다움을 바라보고 주의 성전에서 문안드리는 것이니라. (시 27:4)

마음을 지키면 얻는 유익

거듭나기 전의 사람에게는 마음이 가장 안 좋은 부분이지만 거듭난 후에는 가장 좋은 부분이 됩니다. 왜냐하면 모든 행동이 마음에서 나오기 때문입니다. 그래서 하나님의 눈은 우리 마음을 집중적으로 봅니다. 우리 또한 다른 사람을 대할 때 마음을 우선해서 보아야 합니다. 회심할 때 사람들이 가장 힘들어하는 일은 자기 마음을 하나님께 바치는 것입니다. 또, 회심한 후에도 하나님을 향해 마음을 지키는 일이 가장 힘듭니다. 그래서 신앙 생활이 어려운 것입니다. 생명 길이 좁고 천국 문이 협소한 것도 모두 마음을 지키는 게 어렵기 때문입니다. 이 책을 쓰게 된 동기도 마음 지키기라는 위대한 사역에 도움을 주고 싶어서입니다. 제 글에 흠이 많다는 걸 잘 알지만 그래도 하나님께서 기쁘게 사용하실 거라 믿습니다. 실천적인 면에서 다른 어떤 주제도 이보다 중요하지 않습니다. 사람들이 마음에 관심을 기울이지 않는 것이 현재 기독교가 암울해진 핵심 원인입니다. 이제 나머지 분량은 이 점을 확인하고 강조하는데 기꺼이 사용되어도 좋지만 그러는 대신에 마음을 지켰을 때 얻는 몇 가지 유익에 대해 알아보고 이 글을 맺으려 합니다.

어째서 많은 설교자들은 이처럼 명백하게 전해야 할 필요성이 있는 말씀을 제쳐두는 걸까요? 어째서 〈부드러운 것〉만 말하려 하고(사 30:10) 성령의 검을 손에 들지는 않을까요? 왜냐하면 그들부터 마음이 하나님께 올바르지 않기 때문입니다. 주님의 거룩한 두려움이 그들을 사로잡지 않았기 때문입니다. 〈정직하고 선한 마음〉(눅 8:15)은 그리스도의 종으로 하여금 말씀의 가장 핵심적이고 유익한 진리를 전하게 하며 그럴 때 사람들은 듣기 싫어할 것입니다. 그래도 그는 신실하게 꾸짖고 권고하고 경고

하고 바로잡고 지시할 것이며 듣는 이들이 좋아하든 싫어하든 멈추지 않을 것입니다.

왜 많은 교인이 믿음을 떠나 유혹의 영에 사로잡히는 걸까요? 왜 많은 이들이 악인의 오류에 끌려가며 하나님의 은혜를 버리고 음탕함에 빠져드는 걸까요? 어째서 많은 사람이 성경의 문자에는 능숙하지만 실천적인 경건은 이방인과 같은 자들에게 현혹되는 걸까요? (그러면서 그들은 자기들이 그리스도의 이름으로 모인 유일한 자들인 것처럼 자랑합니다.) 아, 그 대답은 그리 멀리 있지 않습니다. 그 이유는 그들이 하나님의 일과 관련된 마음이 없기 때문입니다. 아프고 병든 자일수록 돌팔이 의사에게 당하기 쉽습니다. 이처럼 마음에 진리가 뿌리박고 있지 않은 자들은 온갖 잡다한 이단 교리의 바람에 이리저리 휩쓸릴 것입니다.

마음을 연구하고 지키는 것은 이 시대의 해로운 오류를 대항할 가장 좋은 해독제입니다. 이제 마음을 지켰을 때 얻는 몇 가지 유익한 점을 알아보겠습니다.

1_하나님의 일을 더 깊이 이해함

마음을 지키면 하나님의 일을 더 깊게 이해할 수 있습니다. 정직하고 성숙한 마음은 성경을 이해하는 데 도움을 주는 주석과도 같습니다. 이런 마음을 소유한 사람은 다윗의 시편과 바울의 서신서를 읽으며 자신이 겪는 어려움과 그에 대한 해결책이 기록된 것을 발견할 것입니다. 그래서 다윗과 바울의 고백을 자기 일처럼 공감하며 같은 기쁨과 슬픔을 느낄 것입니다.

하나님의 은혜를 모르는 신학자나 랍비보다 오히려 마음을 힘써 지키는 사람이 하나님의 일을 더 명확하고 달콤하게 받아들입니다. 물론 심령의 변화를 겪은 적이 없는 자라도 믿음의 본질과 효과, 그리스도의 소중함, 하나님과 교제의 달콤함 등에 대해 심오하고 정통적인 해설을 할 수는 있지만 그것을 직접 경험한 사람에겐 그런 설명이 그저 무미건조하게 느껴질 것입니다.

아, 여러분, 경험이야말로 가장 훌륭한 스승이라 할 수 있습니다. 심령의 깊은 변화를 겪지 않은 사람은 욥기서와 애가서를 읽을 때 지루하기만 할 것입니다. 마음 깊은 곳의 죄로 물든 본성을 깨닫기 전까지는 로마서 7장을 읽어도 전혀 공감하지 못할 것입니다. 하나님과 친밀한 교제가 없다면 시편 후반부는 그저 지나치게 과장된 표현처럼 생각될 것입니다. 하지만 여러분이 마음을 지키려고 더욱 애쓰고 그것을 더욱 하나님께 집중하며 사탄의 악한 유혹에 빠지지 않으려고 노력할수록, 성경이 마치 자신의 이야기를 다룬 것처럼 친근해지는 것을 경험할 것입니다.

저는 그저 성경을 읽을 때 〈바른 마음가짐〉을 지녀야 한다는 단순한 차원의 이야기를 하는 것이 아닙니다. 성경의 의미를 제대로 이해하려면 우선 〈마음의 변화〉를 겪어야만 합니다. 마음이 변화되었을 때 마침내 성경을 기록한 이들이 받은 영감을 〈느끼고 맛볼〉 수 있으며, 히브리어와 헬라어에 능통한 학자에게도 굳게 잠겨있던 난해한 구절을 푸는 열쇠도 얻을 것입니다.

2_진짜 신자를 분별함

마음을 지키는 것은 진짜 신자를 가려내는 확실한 증거입니다. 겉으로 드러나는 행위로는 진짜와 가짜를 구별하기 어렵지만 마음을 지키려고 애쓰는지 살펴보면 어떠한 위선자라도 가려낼 수 있습니다. 임종이 다가오면 많은 사람이 마음속의 악함과 두려움 때문에 통곡할 것이나 이는 재난이 닥쳤을 때 동물들의 울부짖음처럼 아무런 의미도 없습니다. 하지만 여러분이 매일 양심과 생각과 행동과 감정을 주의 깊게 돌보았다면 그 자체로 여러분의 신실함을 증명하는 것입니다. 왜냐하면 죄를 진실로 증오하는 것과 주님의 시선을 항상 의식하며 사는 것 말고는 우리의 신앙이 진짜인지 판별하는 방법이 없기 때문입니다. 당신의 신앙이 진짜라는 확신을 얻고 싶습니까? 당신이 진실로 하나님을 경외하는지 알고 싶습니까? 그렇다면 당신의 마음을 주의 깊게 살피고 지키십시오.

영혼의 안식을 누리고 싶다면 이 점에 유념해야 합니다. 왜냐면 마음을 지키지 않는 사람은 대부분 영적인 확신도 없고 마음의 평안도 맛볼 수 없기 때문입니다. 하나님께서는 게으른 영혼에게 마음의 평안을 주시지 않습니다. 주님께서는 열심을 품은 자에게 평안을 주십니다. 영적인 산고도 없이 예쁜 아기만 원하는 자는 매우 큰 착각에 빠진 것입니다. 열심을 품고 자신을 살피려면 먼저 말씀을 깊이 묵상하고 그런 다음 마음을 깊이 살펴서 그 둘이 얼마나 일치되는지 확인해야 합니다. 모든 성도의 마음속에 성령님이 계시다는 것은 변함없는 사실이지만 성령님은 절대로 그분 사역의 핵심인 말씀과 동떨어지지 않습니다. 성령님께서 함께하신다는 것은 그분이 우리 마음에 주시는 은혜를 통해 알 수 있는데 이 은혜는 자기 마음을 성실하게 살피는 사람만이 발견할 수 있습니다. 왜냐면 성령님께서 일하시는 곳은 바로 우리 마음속이기 때문입니다.

3_영적인 일이 즐거워짐

마음을 지키면 말씀과 기도와 성경 묵상 같은 은혜의 수단에 참여하는 일이 더욱 즐거워집니다. 주님과 교제하는 일은 참으로 귀하고 즐겁습니다. 다윗은 이렇게 고백했습니다.

> 주님을 묵상함이 달콤할 것입니다. (시 104:34)

하지만 마음속이 세상의 것으로 가득 차 있거나 이생의 염려 때문에 축 처져 있는 사람은 마땅히 누려야 할 기쁨과 평안을 얻지 못할 것입니다. 여러분이 준비된 마음으로 하나님의 종이 전하는 설교를 듣거나 신앙 서적을 읽으면 그전과는 전혀 다른 깨달음을 얻을 것입니다. 마음이 온전하면 하나님이 주시는 은혜의 풍성함, 그리스도의 영광과 거룩한 아름다움, 성경이 가르치는 삶에 대한 이야기가 전혀 지루하지 않을 것입니다. 정기적으로 예배에 참석하지만 얻는 것이 별로 없다면 아마도 여러분 마음이 주님의 일에 무관심하기 때문일 것입니다.

기도할 때도 마찬가지입니다. 마음속 깊이 영적인 부담을 느끼고 하나님께 뜨겁게 탄원하는 기도와 기계적으로 암송하듯 입만 중얼거리는 기도는 차원이 다릅니다. 전자는 실제적이며 후자는 형식적인 기도입니다. 평소에 열심히 마음을 지키며 자기 영혼의 상태를 잘 파악하고 있는 사람은 하나님께 무엇을 구해야 할지 망설임이 없습니다. 이처럼 언제나 하나님과 동행하고 교제하고 묵상하는 사람은 기쁜 마음을 가지고 영과 진리로 예배하며 다윗처럼 이렇게 고백할 것입니다.

내 마음에 아름다운 표현이 넘칩니다. (시 45:1)

히브리 원어를 보면 문자적으로 〈내 마음이 아름다운 표현으로 끓어 넘칩니다〉라는 뜻인데, 이는 많은 샘물이 솟아나는 모습을 표현한 것입니다. 형식주의자는 기도할 내용을 억지로 쥐어짜려고 열심히 펌프질 해야 하지만 마음이 바로 선 자는 새 포도주가 담긴 병처럼 언제든 기쁨과 슬픔의 표현이 자연스럽게 흘러넘칩니다.

4_유혹에 쉽게 넘어가지 않음

마음을 꾸준히 지키면 유혹이 다가올 때 쉽게 저항할 수 있습니다. 악한 유혹이 찾아올 때 평소에 양심에 대해 얼마나 신경 썼는지에 따라 사람들의 반응은 다르게 나타납니다. 마음을 돌보지 않은 사람은 사탄의 손쉬운 먹잇감이 되고 맙니다. 사탄은 주로 우리의 마음을 공격하는데 왜냐하면 마음만 빼앗으면 모든 것을 가질 수 있기 때문입니다. 사람 전체를 조종하는 것이 바로 마음입니다. 그런데 마음을 지키지 않으면 사탄은 너무도 쉽게 우리 마음을 정복합니다. 마치 도둑이 문단속 하지 않은 집에 쉽게 들어가는 것처럼 사탄도 지켜지지 않은 마음에 쉽게 침투합니다.

하지만 마음을 잘 돌본 사람은 유혹이 제힘을 발휘하기도 전에 미리 발견하고 제거할 수 있습니다. 유혹은 마치 언덕에서 굴러내려 오는 돌과 같습니다. 초기에는 구르는 돌을 멈추기 쉽지만 점차 추진력을 얻으면 멈추기가 매우 어렵습니다. 그래서 헛된 생각이 마음속에 들어왔을 때 바로 제거하지 않으면 곧 극심한 탐욕으로 자라나 어찌할 수 없게 됩니다. 행동은 욕망에서 비롯되며 욕망은 생각에서 비롯됩니다. 죄는 처음엔 생각에서 출발하는데 그때 싹을 도려내지 않으면 우리의 감정이 그 악한 생각을 따르게 됩니다. 마음이 악한 생각을 퇴치하지 않고 오히려 환영하고 먹이를 준다면 머지않아 그 악한 생각을 실행에 옮기게 될 것입니다.

마음이 하는 가장 중요한 일은 머릿속에 무심코 떠오른 생각에 죄가 있는지 살피는 것입니다. 죄의 생각은 초기엔 매우 약해서 작은 처방으로도 곤욕을 치르는 것을 방지할 수 있습니다.

하지만 죄의 망상을 그대로 내버려두면 마음은 금세 유혹에 점령당하고 사탄은 승리의 미소를 지을 것입니다.

5_은혜가 더욱 풍성해짐

마음을 열심히 지키는 것은 마음속의 은혜를 자라게 합니다. 은혜의 뿌리가 마음속에 심겨있기 때문에 마음을 가꾸고 돌보지 않으면 은혜는 크게 성장하지 않습니다. 반대로 은혜가 마음속에 뿌리를 깊이 내릴수록 은혜는 더욱 성장합니다. 에베소서 3장 17절을 보면 〈사랑 안에 뿌리 박고 터가 굳어졌다〉는 표현이 있습니다. 이처럼 마음속에 뿌리내린 사랑으로부터 선한 말과 거룩한 행실이 솟아납니다. 그리스도께서 은혜의 근본이시며 우리가 받은 은혜는 주님께서 나누어주신 것입니다. 주님께서 우리 마음에 은혜를 심으셨고 그것을 자라나게 하셔서 건강한 열매를 맺게 하십니다. 하지만 마음을 돌보지 않고 내버려두면 은혜는 열매를 맺을 수 없습니다. 마치 아무도 돌보지 않은 마당에 잡초가 무성히 자라나 꽃을 뒤덮어버리는 것처럼, 헛된 생각과 억제되지 않은 정욕이 마음의 힘을 집어 삼켜

버립니다.

> 내가 침상에서 주를 기억하며 밤새도록 주를 묵상할 때, 내 영혼이 영양이 풍부하고 기름진 음식을 먹을 때처럼 만족하며 내 입이 기쁨의 입술로 주를 찬양할 것입니다. (시 63:5~6)

6_성도의 교제가 유익해짐

마음을 열심히 돌보는 것은 성도의 교제를 더욱 귀하고 유익하게 합니다. 그리스도인이 함께 모일 때 말다툼과 마찰이 빈번히 일어나는 이유는 정욕을 억제하지 않았기 때문입니다. 그리스도인의 대화 내용이 덧없고 천박한 이유는 마음속의 세속적인 허영 때문입니다. 행동과 대화 내용만 살펴보면 심령의 상태를 가늠해보는 건 어렵지 않습니다.

진실로 마음이 하나님께 향해있는 사람의 대화를 들어보면 얼마나 진지하고 고귀하고 본받을 만한지 모릅니다.

의인의 입은 지혜를 말하고 그의 혀는 정의를 말한다. 하나님의 율법이 그의 마음에 있으니 그 발걸음이 미끄러지지 않는다. (시 37:30~31)

매일 하나님 앞에서 자신을 낮추고 마음속의 악을 내려놓는다면 우리는 타인에게 더 온유하고 인정이 많은 사람이 될 것입니다. (갈 6:1)

7_하나님의 섭리에 순종함

마음을 잘 지키면 하나님께서 주신 어떠한 환경이나 사명도 잘 감당할 수 있습니다. 자기 마음을 겸손하게 낮추는 사람은 하나님께서 번영하게 하셔도 시험에 들지 않습니다. 성경의 언약을 삶에 잘 적용하는 사람은 어떤 역경도 쉽게 통과할 수 있습니다. 교만과 이기심을 억제할 수 있는 사람은 하나님을 위해 무슨 일이라도 감당할 수 있습니다. 바울이 바로 그런 사람이었습니다. 바울은 남에게 설교하는 것에 그치지 않고 자기 마음의 포도밭도 훌륭히 지켰습니다. 고린도전서 9:27을 보면 그가 얼마나 하나님의 일을 맡기에 걸맞은 도구였는지 알 수 있습니다. 바울은 무엇이 그를 더 풍성하게 하고 무엇이 그를 빈곤하게 하는지 잘 알았습니다. 그래서 사람들이 그를 신처럼 여길 때는 오히려 화를 냈고 돌로 치려고 할 때는 묵묵히 참을 수 있었습니다.

8_걸림돌이 되지 않음

마음을 열심히 지키는 것은 교회 밖으로 흘러나가는 안 좋은 소문이나 걸림돌을 제거하는데 가장 효과적인 방법입니다. 아, 주의 종이란 자들이 저지르는 악행 때문에 존귀한 주님의 이름이 얼마나 더럽혀지는지 모릅니다. 많은 설교자가 말과 행동이 일치하지 않아 오히려 복음을 가로막고 있습니다. 하지만 마음을 지킨다면 느슨한 신앙인들처럼 추문을 일으키는 일은 없을 것이며, 오히려 만나는 사람마다 우리를 예수님과 함께한 자로 여길 것입니다. (행 4:13) 그래서 세상은 어린 양을 따르는 무리가 비추는 거룩한 빛에 놀라며 다시금 존경심을 표할 것입니다.

이처럼 마음을 지키는 일은 굉장히 힘들지만 지금까지 살펴본 유익을 생각해보면 충분히 온 힘을 다할 가치가 있는 것 같지 않습니까? 함께 살펴본 여덟 가지 유익이 얼마나 큰 가치를 지녔는지 스스로 생각해보십시오. 이는 절대 사소한 것이 아닙니다. 그러므로 여러분의 마음을 잘 지키고 여러분이 하나님을 얼마나 사랑하는지 잘 생각해보십시오. 야곱은 라헬을 위해 무려 칠 년을 일하면서도 그것을 단지 며칠 정도로 여겼습니다. 왜냐하면 그녀를 너무도 사랑했기 때문입니다. 사랑하는 이를 위해 땀 흘리는 것은 언제나 즐거운 법입니다. 만일 여러분 마음을 온전히 하나님께 드린다면 주님의 계명을 따르는 발걸음은 매우 가볍고 우리에게 맡겨진 사명은 오히려 기쁨이 될 것입니다. 이제 이렇게 기도하십시오.

우리의 날을 셀 수 있도록 가르치셔서 우리 마음이 지혜에 열중하게 하소서. (시 90:12)

마치 우리 손이 일에 열중하는 것처럼 우리 마음도 항상 지혜에 열중해야 합니다.

맺는 글

이 글을 읽고 있는 여러분도 온 힘을 다해 마음을 지키려고 애쓰긴 하지만 생각만큼 잘 안 될지도 모릅니다. 그래서 혹여 구원을 잃어버리는 건 아닌지 두려워하는 성도들도 있을 것입니다. 그런 분들을 위해 몇 마디 격려의 말로 이 글을 맺으려 합니다.

첫째, 이런 두려움은 오히려 여러분 마음이 바르고 정직하다는 증거입니다. 죄로 물든 마음 때문에 애통해 한다면 여러분은 결코 위선자는 아니란 뜻입니다. 저보다 더 나은 마음을 지니고 평안하게 살았지만 현재 지옥에 있는 사람도 많습니다. 반대로 여러분보다 훨씬 못한 마음을 지녀서 슬퍼하며 살았던 많은 이가 지금 천국에 있을 것입니다.

둘째, 하나님께서는 절대 여러분을 아무 유익도 없는 마음의 고통이나 어려움 속에 남겨두시지 않습니다. 혹시 주님께 언제까지 애통해 하는 마음으로 살아야 하는지 불평하지는 않습니까? 저도 오랜 시간 마음을 지키려고 씨름했음에도 아직 완전히 깨어지지 않았습니다. 헛된 생각을 버리려고 수십 년을 노력했지만 여전히 그것에 시달리고 있습니다. 아, 제 마음은 언제쯤 더 나아질까요? 하지만 하나님께서 원래 우리 마음 상태가 얼마나 악했는지 보여주신다면 지금 우리가 값없이 받은 은혜의 크기를 실감할 것입니다. 그렇게 하나님은 우리를 낮추셔서 자기애에 빠지지 않도록 도우십니다.

셋째, 하나님께서 곧 이 고된 일을 끝내고 축복하실 것입니다. 머지않아 우리 마음이 온전해질 때가 올 텐데, 그때는 어떠한 두려움도 슬픔도 없어지고 깨닫지 못하게 하는 어둠이 모두 사라지고 헛된 감정과 양심의 가책과 타락한 의지도 모두 제거될 것입니다. 그 날에 우리는 영원히 기뻐하고 즐거워하며 하나님의 무한하신 위대함과 선하심을 볼 것입니다. 이제 곧 구름은 걷히고 아침이 밝아오며 그림자는 전부 사라지고 우리는 주님을 있는 그대로 보며 주님을 닮은 모습이 될 것입니다. (요일 3:2) 할렐루야! (이 글의 많은 부분, 특히 마지막 부분은 청교도 존 플라벨의 저서에서 도움을 받았습니다_지은이)

출판사 소개

프리스브러리는 Pristine(오염되지 않은)과 Library(도서관)의 합성어로 종교개혁가와 청교도 같은 신앙 선배들이 남긴 믿음의 유산을 보존하고 널리 알리기 위해 설립되었습니다.

한국은 미국 다음으로 많은 신앙 도서가 출간되는 기독교 강국이지만 아직 국내에 소개되지 않은 주옥같은 책이 너무도 많습니다. 또한, 이미 출판되었다고 해도 번역이 난해해서 읽기 어렵거나 판매량이 저조해 절판된 책도 적지 않습니다.

프리스브러리는 엄선된 기독교 고전 작가의 저서 중에서 한 번도 국내에 출판되지 않았거나 절판되어 구하기 힘든 책을 재번역해 〈디지털 소량 출판〉과 〈전자책〉을 통해 비록 판매량이 적더라도 절판되지 않고 언제든 쉽게 찾아볼 수 있게 하고 있습니다.

아울러 장래에는 국내 뿐 아니라 일본, 중국, 동남아 등 다양한 언어로 번역해 전자책으로 만들어 무료로 배포할 계획을 세우고 있으며, 이를 통해 〈선교 한류〉의 붐이 일어나기를 꿈꾸고 있습니다.

이런 프리스브러리의 비전을 함께 이루고 싶으신 분은 새로운 책이 한 권 나올 때마다 격려하는 차원에서 아래 계좌로 1만원씩 후원해주세요. 후원금은 모두 다음 신간의 번역과 출판 비용으로 사용됩니다.

후원 계좌: 씨티은행 533-50447-264-01 (정시용)